南社史料輯存

張夷 主編

南社社友錄

（二）

郭建鵬 陳穎 編著

上海大學出版社

0276. 朱騫

0276. 朱騫（1888—1914），字謹侯，廣東梅縣(今梅州市梅縣區)人。1912年5月15日由業師古直介紹入社，入社書編號276。

南社社友錄

南社入社書 民國元年五月十五日

姓名	年歲	籍貫	居址通訊處	介紹人
朱鶱	二十五歲	梁縣龍文堡羅田鄉	梁縣新塘壟仁濟堂	古直

0277. 李 閔

0277. 李閔（1889—？），字滌筠，廣東梅縣(今梅州市梅縣區)人。1912年5月17日由古直介紹入社，入社書編號277。

南社社友錄

南社入社書 九年五月十七日

姓名	李閃
年歲	二十四歲
籍貫	廣東縣梅縣城內淳篤祠
居址通訊處	梅縣城內淳篤祠
介紹人	古直

0278. 孫世偉

0278. 孫世偉（1886—1961），字俶仁，號儆廬，別號瓦鳴，浙江紹興人。1912年5月22日由張雲雷、沈鈞業介紹入社，入社書編號278。

南社入社書　元年五月二日

姓名	年歲	籍貫	居址通訊處	介紹人
孫世偉 號俶仁 別號 瓦鳴	二十七	浙江紹興	紹興城內山陰縣前兩都家宅 杭州城內佑聖觀巷民國公會支部	張霊雷 沈復聲

0279. 孫湜

0279. 孫湜（1893—？），字伯純，安徽壽縣人。1912年5月27日由蘇曼殊介紹入社，入社書編號279。

南社社友錄

南社入社書 元年五月廿日

姓名	孫伯純 名湜
年歲	二十
籍貫	安徽壽川
居址 通訊處	東京大久保未定
介紹人	釋曼殊

0280. 孫天逸

0280. 孫天逸（1892—？），字以同，安徽壽縣人。1912年5月27日由蘇曼殊介紹入社，入社書編號280。

南社社友錄

南社入社書 元年五月廿七日

姓名	孫以同 名天逸
年歲	卅一
籍貫	安徽壽
居址	東京本鄉久保町未定
通訊處	
介紹人	釋曼殊

0281. 姜可生

0281. 姜可生（1893—1959），譜名鴻緯，原名崙，字君西，一字俊兮，號杏癡，別署海棠、阿棠、慧禪等，江蘇丹陽人。1912年5月29日由張素、胡允恭、姜若介紹入社，入社書編號281。早年畢業於上海神州大學政治經濟科。民初任職上海《民國新聞》、《生活日報、《禮拜六》、《錫報》、《鎮丹金溧揚聯合月刊》等。1913年後創辦《大同週報》、《丹陽正報》、《丹陽平報》和《長途月刊》等。1951年任中央人民政府委員會委員柳亞子的私人秘書。1953年被聘爲江蘇省文史研究館館員。1959年任上海文史研究館館員。著有《劍膽簫心》、《懷人集》、《偷兒日知錄》、《春閨夢》、《江上涕夷錄》等。

南社社友錄

南社入社書 九年五月廿日

姓名	年歲	籍貫	居址	通訊處	介紹人
姜可生 姜䴬 字君西 一字俊逸 號白石 別號不一 一號哀厓	二十歲	江蘇丹陽	城內太平橋	本埠轉 丹陽商會轉 上海生活日報社	張揮戈 胡尹皆 姜胎石

0282. 范天籟

0282. 范天籟（1886—？），名光，字茂芝，號天籟，別號天籟詞人，江蘇吳江（今蘇州市吳江區）人。1912年6月6日由唐耕餘、費榮錦、沈昌直、柳亞子介紹入社，入社書編號282。著有《半秋倡和集》。

南社社友錄

南社入社書 元年七月六日

姓名	范天籟 號茂芝
年歲	二十七歲
籍貫	吳江縣
居址	平望鎮前街
通訊處	同上
介紹人	唐耕餘 費織雲 沈穎若 柳安如

0283. 邢鍾翰

0283. 邢鍾翰（1890—？），原名朗，字誦華，浙江嵊縣(今嵊州)人。1912年6月8日由陳去病、高旭、柳亞子、鄒銓介紹入社，入社書編號283。

南社社友錄

南社入社書 元年六月八日

姓名	年歲	籍貫 居址	通訊處	介紹人
邢鍾翰 字誦華	二十三	紹興嵊縣西鄉沃磯鎮	同 紹興嵊西沃磯大同轉興沃磯號○○	陳玄病 高天梅 柳棄疾 邠亞雷

0284. 李煮夢

0284. 李煮夢（1887—1914），原名才，字小白，廣東梅縣(今梅州市梅縣區)人。1912年7月17日由葉楚傖介紹入社，入社書編號284。1908年任嘉應州三堡學堂教員，為葉劍英的啟蒙業師。加入中國同盟會。1911年9月在汕頭《中華新報》任職。民初為嘉應州民政署職員。著有《鴛鴦碑》、《新西遊記》、《豈有此理》、《滑稽偵探》、《白頭鴛鴦》等。

南社社友錄

南社入社書

姓名	李真 夢二 字心田
年歲	二十
籍貫	廣東梅縣
居址通訊處	梅縣隆文堡花別墅
	梅縣（即嘉應州）行政廳
介紹人	儂蒂楚

元年七月十□日

0285. 李肇甫

0285. 李肇甫（1885—1950），字伯申，一字柏森，四川巴縣（今重慶市巴南區）人。1912年7月17日由楊杏佛、田桐介紹入社，入社書編號285。1905年加入中國同盟會。1909年2月任四川同盟會駐東京代表。1912年1月任南京民國臨時政府大總統府總務秘書。1913年4月任國會眾議院議員。

南社社友錄

南社入社書　九年七月十七日

姓名	李肇南 伯申
年歲	二十八
籍貫	四川巴縣
居址	
通訊處	北京財政部 肇臺
介紹人	楊田 李梓 佛琴

0286. 宣劍花

0286. 宣劍花（1893—？），女，江蘇青浦（今上海市青浦區）人。1912年8月2日由柳亞子、鄭佩宜、陳布雷介紹入社，入社書編號286。

南社社友錄

南社入社書 元年八月二日

姓名	年歲	籍貫	居址 通訊處	介紹人
宣劍花	二十歲	江蘇	章練塘鎮 章練塘鎮宣正大槽坊 陳彥及	柳安如 鄭佩宜

南社社友錄

0287. 沈鈞儒

0287. 沈鈞儒（1875—1963），字秉甫，號衡山，又號隱佛、美髯公，晚號民主老人，浙江嘉禾（今嘉興）人。1912年8月7日由陳去病、徐自華、張恭介紹入社，入社書編號287。自幼聰穎，15歲中秀才。1905年留學日本東京私立法政大學習法政。1907年任浙江咨議局籌辦處總參議，旋即當選爲咨議局副議長。1909年任浙江兩級師範學堂監督。1910年與人創辦浙江省私立法政專門學校。1911年加入同盟會，並當選爲國會參議院浙江省候補議員。1913年參加歐事研究會，並參與組織民憲黨。1918年任廣州護法軍政府國會議員。1920年9月任廣東護法軍政府總檢察廳檢察長。1922年在上海任《中華新報》主筆。1933年創辦正行女子中學，參與發起組織中國民權保障同盟。1935年先後發起組織上海文化界救國會、上海各界救國聯合會。1936年與宋慶齡、馬相伯等成立全國各界救國聯合會，同年11月與章乃器、鄒韜奮、李公樸、史良、王造時、沙千里等七人被國民黨政府當局逮捕入獄。1942年參加中國民主政團同盟，任民盟中央執行委員、常務委員。1948年代表民盟參加新政協籌備工作，任籌備會常務委員會副主任。新中國成立後，歷任中央人民政府委員、最高人民法院院長、全國人大副委員長、全國政協副主席等職，並當選爲民盟中央第一副主席、主席。著有《憲法要覽》、《家庭新論》、《家庭問題》、《寥寥集》等。

南社社友錄

南社入社書 元年八月七日

姓名	沈銅儒 字衡山
年歲	三十八
籍貫	浙江嘉禾縣
居址	杭州省城西柴木巷
通訊處	同上
介紹人	陳去病 徐寄塵 張冏伯

0288. 卓啟堂

0288. 卓啟堂（1875—？），字玉齋，四川華陽(今成都市雙流區)人。1912年8月11日由陳蛻庵介紹入社，入社書編號288。

南社社友錄

南社入社書　元年八月十一日

姓名	辛啓臺 字玉齋
年歲	三十八歲
籍貫	四川華陽縣
居址 通訊處	北京翠花街 河院 南門 臂練 公寓
介紹人	陳蛻厂

南社社友錄

0289. 江紹銓

0289. 江紹銓（1883—1954），字亢虎，號洪水，別署無文、抗斧、康瓠，江西弋陽人。1912年8月11日由陳蛻庵介紹入社，入社書編號289。1901—1907年三次赴日留學，歸國後被袁世凱聘爲北洋編譯局總辦兼《北洋官報》總纂，任刑部主事。1911年7月在上海創立社會主義同志會，編輯《社會星》雜誌。1912年在上海召集舉行國際勞動節紀念會，創辦《新世界》半月刊。1922年在上海創辦南方大學。著有《洪水集》、《江亢虎文存初編》等。

南社社友錄

南社入社書 民國元年八月十二日

姓名	年歲	籍貫	居址通訊處	介紹人
汪元兇	年二十九歲	江西弋陽	上海 社會黨本部	陳翊會

0290. 陳 沅

0290.陳沅（1881—？），原名阮，字阜蓀，一字阜雙，湖南湘潭人。1912年8月12日由陳蛻庵介紹入社，入社書編號290。

南社社友錄

南社入社書 元年八月十二日

姓名	年歲	籍貫	居址	通訊處	介紹人
陳阮 卓雙 一山谷真于 蘇	三十二歲	湖南 湘潭		北京 民主 報社	陳蛻庵

0291. 沈宗畸

0291. 沈宗畸（1864—1926），字太侔，號南雅，別署南野、孝耕等，晚號晚聞翁、繁霜閣主，廣東番禺（今廣州市番禺區）人。1912 年 8 月 12 日由陳蛻庵介紹入社，入社書編號 291。1908 年與延清、金綬熙等人成立著涒吟社，並創辦《國粹一斑》（後改名《國學萃編》）。曾任《女子白話旬報》主筆。著有《南雅樓詩斑》、《晚聞室隨筆》、《便佳簃雜抄》、《實獲齋文鈔》、《繁霜閣曲話》、《晨風閣集》、《今詞綜》、《詩群》、《煉庵駢體文選》、《東華瑣錄》、《兩漢書校》等。

南社社友錄

南社入社書 民國元年八月十二日

姓名	年歲	籍貫	居址通訊處	介紹人
沈宗畸 字太侔 號南雅	年四十八歲	廣東番禺縣人	現住北京前青廠番禺館	陳蜕厂
			仝上	

南社社友錄

0292. 張　恭

　　0292. 張恭（1877—1912），一名臨，又名共繞，後改名萬年，字伯謙、同伯，筆名卷重、卷施，浙江金華人。1912 年 8 月 22 日由陳去病、柳亞子介紹入社，入社書編號 292。1904 年 6 月在金華創辦《萃新報》，創立積穀會、千人會、龍華會，加入光復會。1905 年在金華創辦《浙源彙報》。1907 年與徐錫麟、秋瑾等共同組織浙東光復軍；徐錫麟、秋瑾遇難後流亡日本。在東京加入中國同盟會，並主持《民報》及《民報》副刊《天討》筆政。著有《劇史》、《社會主義綱要》等。

南社社友錄

南社入社書 元年八月廿二日

姓名	年歲	籍貫	居址	通訊處	介紹人
張恭 字同伯	三十六	浙江金華	金華縣城內天甯寺下	中國同盟會浙支部	陳去病 柳亞廬

0293. 金　燕

0293. 金燕（1877—？），字翼謀，江蘇太倉人，原籍安徽休寧。1912年8月27日由馮心俠、陸毅、余天遂介紹入社，入社書編號293。

南社社友錄

南社入社書 元年八月廿七日

姓名	年歲	籍貫	居址通訊處	介紹人
金燕 號翼謀	三十六	原籍安徽休甯	太倉北門內北弄現移寓蘇垣小倉口省立第二農業學校內	馮琴友 陸君宜 余疢儂

0294. 宋一鴻

0294. 宋一鴻（1885—？），字心白，一字辛伯，號癡萍，別署懺紅，江蘇無錫人。1912年8月29日由傅熊湘、黃夢遽、鄭叔容介紹入社，入社書編號294。曾參加雲社、春柳劇社，在無錫編輯過《蘇民報》。民初任職《長沙日報》館。著有《如此江山》、《是非圖》等。

南社社友錄

南社入社書 元年八月九日

姓名	年歲	籍貫	居址	通訊處	介紹人
宋一鴻 心白一 字凝萍	二十八歲	江蘇無錫	無錫南門外	長沙日報館	傅釪 黃檬陳 鄭薩厂

0295. 方榮杲

0295. 方榮杲（1885—1956），字旭芝，號艮崖，湖南湘潭人。1912年8月29日由傅熊湘、黃夢蘧、鄭叔容介紹入社，入社書編號295。有《飛鴻影日記》。

南社社友錄

南社入社書　元年八月先日

姓名	年歲	籍貫	居址通訊處	介紹人
方榮杲 字旭芝 號良崖	年二十八歲	湘潭	湘潭四都　湘潭十內方福昌轉　湘潭城 又長沙日報館	傅鈍根 黃夢邅 鄭叔容

0296. 文 斐

0296. 文斐（1875—1943），又名灰，字延年，號牧希，別署幻盦、幻園，湖南醴陵人。1912年8月29日由傅熊湘、黃枬園、鄭叔容介紹入社，入社書編號296。1905年任醴陵淥江中學堂監督。後留學日本東京鐵道學校，加入同盟會。1906年參加萍瀏醴起義。1908年任湖南鐵路學堂教務長。1910年與曾傑、龍毓峻等重組同盟會湖南支部。1911年任《長沙日報》總理。著有《幻園遺集》。

南社社友錄

南社入社書 九年八月六日

姓名	文斐 字牧希
年歲	三十八
籍貫	湖南醴陵
居址	長沙日報館
通訊處	同上 又醴陵萬豐煙號
介紹人	傅鈍庵 黃栩園 鄭叔瀛

0297. 陳堯祖

0297. 陳堯祖（1890—1920），字憲民，號蜀鵑，別署筠山十六郎，四川筠連人。1912年8月30日由楊杏佛、田桐介紹入社，入社書編號297。1909年在北京大學肄業，並加入中國同盟會。1911年與汪精衛、李石曾等組織成立京、津、保同盟會支部。1912年任灤州北方革命軍政府財政部長。民初供職於北京《民意報》。著有《先烈彭大將軍家珍奔走京津謀炸良弼詳誌》等。

南社社友錄

南社入社書 九年八月卅日

姓名	年歲	籍貫	居址	通訊處	介紹人
陳堯祖 號憲民 別署篁山丁六郎 亦号蜀鵑	二十二歲	四川敘州府筠連縣	仝下	北京永光寺西街民意報	楊杏佛 田梓琴

0298. 潘飛聲

0298. 潘飛聲（1858—1934），字蘭史，一字劍士，號老蘭，別號心蘭、老劍，別署說劍詞人、水晶庵道士、獨立山人、蕱淞閣主，廣東番禺（今廣州市番禺區）人。1912年9月2日由陳蛻庵介紹入社，入社書編號298。1890年在德國柏林大學講授漢文學。後任職香港《華報》、《實報》。曾參加希社、鷗社、漚社，鷗隱社、海上題襟館金石書畫會等。著有《說劍堂集》、《海山仙館景物略》、《飲瓊漿館駢文詞抄》、《粵東詞鈔》、《在山泉詩話》、《論嶺南詞絕句》、《羅浮記遊》等。

南社社友錄

南社入社書 元年九月二日

姓名	年歲	籍貫	居址 通訊處	介紹人
潘飛聲 字蘭史 一字劍士	五十五	廣東番禺人	南市 高根	高根 沈蛻庵

0299. 蔣同超

0299.蔣同超（1879—？），原名士超，字伯寅，號萬里，江蘇無錫人。1912年9月2日由陳蛻庵、潘飛聲介紹入社，入社書編號299。著有《振素盦詩集》、《清朝論詩絕句》等。

南社社友錄

南社入社書 元年九月二日

姓名	蔣萬里
年歲	三十四歲
籍貫	江蘇無錫人
居址	無錫城海寧路中東河天保里新民坊穡商豐樹下堂
通訊處	
介紹人	陳蛻菴 潘蘭史

0300. 葉玉森

　　0300. 葉玉森（1880—1933），原字寶書、鑌虹，後改字荭漁，號中泠，別號中泠亭長，別署杏衫、荇衫、紅於，江蘇丹徒（今鎮江市丹徒區）人。1912 年 9 月 3 日由姜若、張素介紹入社，入社書編號 300。1909 年底赴日本早稻田大學、明治大學學習法律。在日本期間參加興中會、中國同盟會。1913 年與吳清庠等人發起成立海門吟社，後任蘇州高等法院審判廳推事、檢察庭庭長。1915 年在上海參與組織春音詞社。著有《春冰詞》、《戊午春詞》、《說契》、《殷契鉤沉》、《鐵雲藏龜拾遺（附考釋）》、《研契枝譚》、《阿娜恨史》等。

南社社友錄

南社入社書 民國元年陆月

姓名	年歲	籍貫	居址通訊處	介紹人
葉玉森 字鏡吾 又字葒漁 中泠	三十三	江蘇丹徒	鎮江西門外 蘇州留園… 城外九如巷… 桃花塢高等審判廳	姜君 張素

0301. 易廷熹

0301. 易廷熹（1880—1941），原名廷，又名孺，字季復、季馥，號眸民，別署大庵、甦荇、大厂居士等，廣東鶴山人。1912年9月5日由楊杏佛介紹入社，入社書編號301。1912年任臨時大總統府秘書；後任北京高等師範學校、上海暨南大學、上海國立音樂專科學校教授等。著有《大厂詞稿》、《宜雅齋詞》、《大厂畫集》、《玦亭印譜》、《中國金石史》等。

南社社友錄

南社入社書 民國元年九月五日

姓名	年歲	籍貫	居址通訊處	介紹人
易廷憙 號季復 又號睟民	三十三	廣東鶴山	上海美界海寧路馥康里一千九百九十三號睟廬 現駐北京國務院臨時稽勳局 照上兩處住址均可	楊素佛

0302. 沈　沅

0302. 沈沅（1893—？），字誦之，江蘇武進（今常州市武進區）人。1912年9月9日由陳蛻庵介紹入社，入社書編號302。

姓名	年歲	籍貫	居址	通訊處	介紹人
沈况 字誦之	年二十 歲	江蘇武 進	上海霞飛 路仁壽 里兩弄 三號	仝上	陳蜕盦先生

0303. 謝華國

　　0303. 謝華國（1882—1939），字英伯，一作瑛珀，號抱香，廣東梅縣（今梅州市梅縣區）人。1912年9月9日由寧調元、蔡哲夫、鄧爾雅介紹入社，入社書編號303。1902年在廣州主編《亞洲日報》，此後又繼馮自由之後主持《中國日報》，並先後在南武公學、梧州中華學堂、檀香山華文學堂等校任教。1907年加入中國同盟會。1910年在澳門籌建同盟會澳門支部。1914年在三藩市主編《民國》雜誌。1922年在《青年週刊》發表《馬克思紀念日的感想》一文。1928年秋在廣州創辦中國新聞學院。1936年任廣東省高等法院首席檢察官。著有《中國古玉時代文化史綱》、《人海航程》等。

南社社友錄

南社入社書

元年九月九日

姓名	謝英伯 字裏香
年歲	三十
籍貫	廣東梅縣
居址通訊處	同學會粵同上 支部長
介紹人	蔣調元 又廣東都督府參事 蔡有守 顧問官 鄧爾雅

0304. 蔡　培

0304. 蔡培（1884—1962），字子平，號石頑，江蘇無錫人。1912 年 9 月 14 日由葉玉森介紹入社，入社書編號 304。

南社社友錄

南社入社書 民國元年九月十四日

姓名	年歲	籍貫	居址	通訊處	介紹人
蔡培 字子平 一字石頑	二十八	江蘇無錫	無錫南門外西倉鎮	蘇州齊門內跨塘橋下西倉航船帶交	葉中泠

0305. 奚侗

0305. 奚侗（1876—1939），字度青，號無識，安徽當塗人。1912年9月14日由葉玉森介紹入社，入社書編號305。畢業於日本明治大學法科，獲法學士學位。1909—1911年先後任鎮江地方審判廳推事，清河、吳縣地方審判廳廳長。1914年起歷任海門、江浦、崇明等縣知事。1933年受聘當塗修誌局，參與編纂《當塗縣誌》。著有《莊子補注》、《老子集解》、《說文采正》等。

南社社友錄

南社入社書 九年九月十四日

姓名	年歲	籍貫	居址	通訊處	介紹人
吳侗 字慶青 一字无識	三十六歲	安徽當塗人	南京江寧鎮	鎮江地方廳刑廳	葉中泠

0306. 蘇 南

0306. 蘇南（1880—？），字幹寶，福建南安人。1912年9月16日由林之夏、林白水、林庚白介紹入社，入社書編號306。

南社社友錄

南社入社書 六年九月十六日

姓名	年歲	籍貫	居址 通訊 處	介紹人
蘇南 字幹賓	三十三	福建 泉州 南安	福州西門外洪山橋郭厝裡 陸軍大學校 北京西直門內	林士夏 林榮里 林學衡

0307. 徐大純

0307. 徐大純（1884—？），字只一，江西贛縣人。1912年9月17日由景耀月、仇亮、朱少屏介紹入社，入社書編號307。

南社社友錄

南社入社書 元年九月十七日

姓名	年歲	籍貫	居址	通訊處	介紹人
徐大純 又一	二十九	江西贛縣	北京民主報	同上	景耀月 仇亮 朱少屏

0308. 劉國鈞

0308. 劉國鈞（1881—？），一名靖，字君曼，一字君邁，湖南長沙人。1912年9月17日由朱少屏、仇亮、徐大純介紹入社，入社書編號308。

南社社友録

南社入社書　九年九月七日

姓名	劉國鈞　君量
年歲	三十二
籍貫	湖南
居址通訊處	民主報
通訊處	同上
介紹人	朱少屏　仇亮　徐大純

0309. 周 詠

0309.周詠（1888—？），字詠康，湖南長沙人。1912年9月17日由仇亮、朱少屏、徐大純介紹入社，入社書編號309。

南社社友錄

南社入社書 元年九月十七日

姓名	年歲	籍貫	居址通訊處	介紹人
周詠康	二十五	湖南	民主報 同上	仇亮 朱少屏 徐大純

0310. 彭俠公

0310. 彭俠公（1889—？），湖南長沙人。1912 年 9 月 17 日由景耀月、仇亮、朱少屏介紹入社，入社書編號 310。

南社社友錄

南社入社書 元年九月七日

姓名	彭俠公
年歲	二十四
籍貫居址	湖南
通訊處	民主報 同上
介紹人	景耀月 仇亮 朱少屏

0311. 張懷奇

0311. 張懷奇（1877—？），字芍農，江蘇常州人。1912年9月17日由仇亮、朱少屏、徐大純介紹入社，入社書編號311。著有《思古軒詞》。

南社社友錄

南社入社書 元年九月七日

姓名	張懷奇 芳農
年歲	三十六歲
籍貫	江蘇省常州縣
居址	縣城東門外 沇庼北京城內
通訊處	北京民主報社
介紹人	仇亮 朱少屏 徐大純

0312. 杭　海

0312. 杭海（1890—？），字席洋，號漱瀅，安徽定遠人。1912年9月17日由仇亮、陳蛻庵、徐大純介紹入社，入社書編號312。

南社社友錄

南社入社書 元年九月 日

姓名	年歲	籍貫	居址通訊處	介紹人
杭海 席洋	廿三	安徽 定遠	北京 民主報	仇亮 陳蛻盦 徐大純

0313. 陳　俊

0313. 陳俊（1881—？），湖南寧鄉人。1912年9月27日由劉國鈞介紹入社，入社書編號313。

南社社友錄

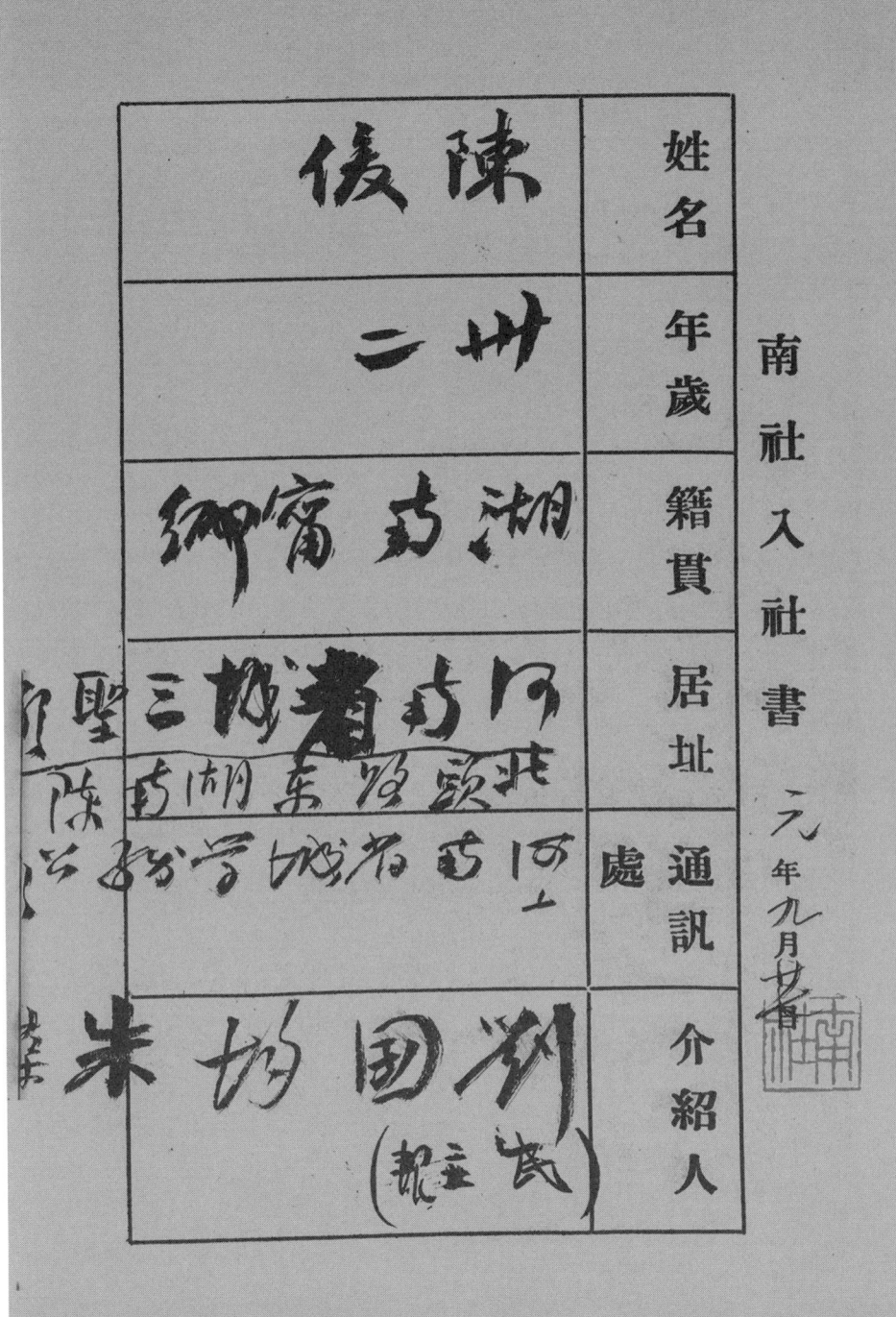

南社入社書 元年九月廿日

0314. 黃慕松

0314. 黃慕松（1884—1937），名承恩，以字行，廣東梅縣(今梅州市梅縣區)人。1912年10月2日由朱少屏介紹入社，入社書編號314。1904年入日本士官學校學習。在東京加入中國同盟會。1920年前往英、法、德等國攻讀軍事學理論，回國後歷任中俄界務公署參議、中俄會議專門委員、粵軍總司令部編審委員會委員長。1928年任陸軍大學校長。著有《環球遊記》、《新疆概述》、《使藏紀程》等。

南社社友錄

南社入社書 ○年十月○日

姓名	年歲	籍貫	居址	通訊處	介紹人
黃慕松	卅八歲	廣東梅縣	爐葦香廣東省城西門外寅賓條嘉慶市萬昌隆	條嘉慶市萬昌隆	朱大符

0315. 殷汝驪

0315.殷汝驪（1882—1940），字鑄夫，號桂公，浙江平陽人。1912年10月3日由周志成、朱少屏、朱叔建介紹入社，入社書編號315。1908年留學日本，入早稻田大學經濟科，並加入中國同盟會。1911年畢業後回國，任湖北法政學堂教習。1912年與褚輔成、沈鈞儒等發起成立中華民國國民共進會。二次革命失敗後流亡日本，主持東京志成學校校務。1920年任瓊崖實業交通事務處處長，後又回上海與褚輔成、沈鈞儒等一起主持全浙公會。1923年任《中華新報》經理。著有《開發瓊崖計畫書》、《瓊崖調查記》等。

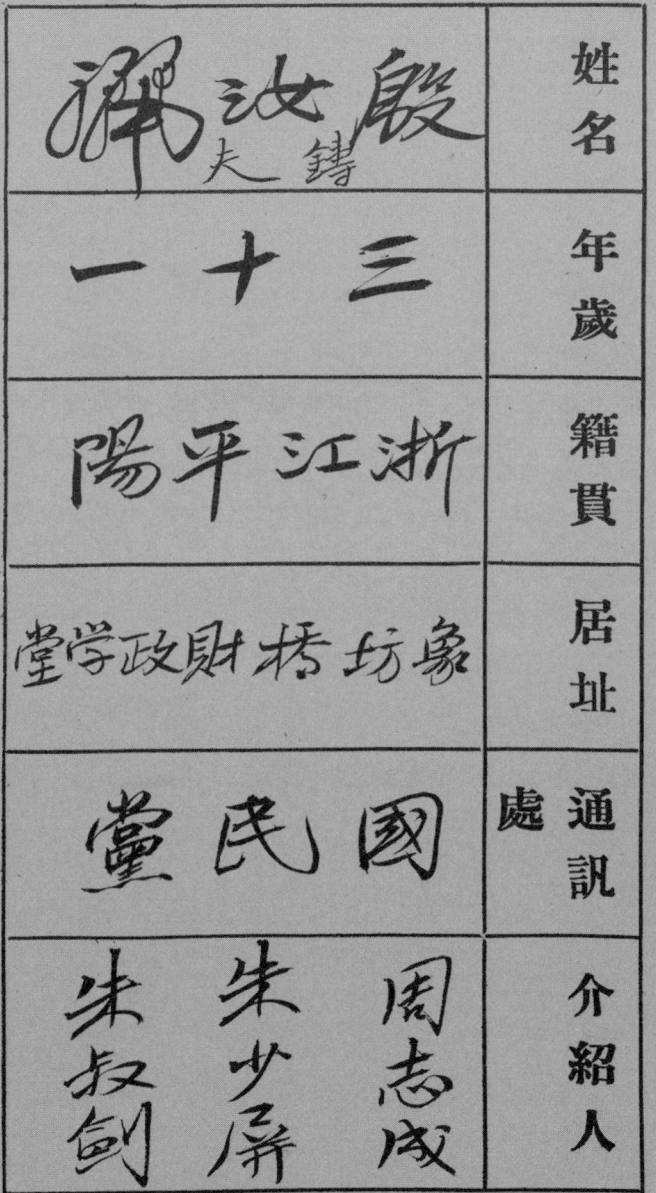

姓名	殷汝耕 夫鑄
年歲	三十一
籍貫	浙江平陽
居址通訊處	象坊橋財政學堂
	國民黨
介紹人	周志成 朱少屏 朱叔劍

南社社友錄

南社入社書 元年十月 日

0316. 謝星喬

0316. 謝星喬（1881—？），亦作星橋，廣東梅縣（今梅州市梅縣區）人。1912年10月3日由朱少屏介紹入社，入社書編號316。中國同盟會會員。

南社社友錄

南社入社書 元年九月

姓名	謝星喬
年歲	三十二
籍貫	廣東梅縣
居址	
通訊處	滬大平淮報 北京粵東新館
介紹人	朱少屏

0317. 朱 瓊

0317.朱瓊（1878—？），字味蒓，安徽涇縣人。1912年10月4日由胡樸安、周偉、胡寄塵介紹入社，入社書編號317。

南社社友錄

南社入社書 元年十月 日

姓名	朱璸 字純味
年歲	五十三
籍貫居址	安徽涇縣
通訊處	上海國粹學報
介紹人	胡樸菴 周人菊 胡寄塵

0318. 王漢章

0318. 王漢章（1892—？），字吉樂，山東煙臺人。1912 年 10 月 7 日由余天遂、胡樸安、胡寄塵介紹入社，入社書編號 318。

南社社友錄

南社入社書 元年十月七日

姓名	王漢一 秉車(吉樂)
年歲	廿一歲
籍貫	山東煙台
居址	上海新南路世興里
通訊處	上海牯嶺路花園坊一卅號
介紹人	余天遂 胡樸庵 胡寄塵

0319. 鍾　動

0319.鍾動（1880—1943），又名用宏，字李通，一字天靜，又字薜生，號辟生，廣東梅縣(今梅州市梅縣區)人。1912年10月14日由胡樸安、周偉、胡寄塵介紹入社，入社書編號319。早年留學日本早稻田大學，並加入中國同盟會。1907年與古直、曾頤等組織成立冷圃詩社。後擔任嘉應州留學生同鄉會會長，創辦《梅州雜誌》。1911年梅州光復後任梅州軍司令部參謀長。1916年與李烈鈞、唐繼堯、蔡鍔等人成立護國軍政府，曾任雲南省教育司司長。著有《鍾季子文錄》、《天靜樓詩存》。

南社社友錄

南社入社書 元年十月 日

姓名	鍾動 萍佳
年歲	三十二
籍貫	廣東梅縣
居址	
通訊處	上海法界老永安街大吉昌悅來莊
介紹人	胡樸庵 周人菊 胡寄塵

0320. 吳有章

0320.吳有章(1883—？),字鏡予,號漫庵,江蘇武進(今常州市武進區)人。1912年10月21日由陳蛻庵、胡寄塵、姚鵷雛介紹入社,入社書編號320。

南社社友錄

南社入社書 壬子年十月廿一日

姓名	吳有章 字鏡亭 自號滂盦
年歲	三十
籍貫	江蘇武進
居址通訊處	現寓上海貴州路五號 上海貴州路五號
介紹人	陳蛻盦 胡寄塵 姚宛若

0321. 莊慶祥

0321. 莊慶祥（1879—？），字翔聲，號了于，江蘇江陰人。1912年10月21日由陳蛻庵、吳有章、沈誦之介紹入社，入社書編號321。

南社入社書 元年十月廿一日

姓名	年歲	籍貫	居址	通訊處	介紹人
莊慶祥 字翔聲	二十四歲	江蘇省 江陰縣	江陰東門外河北街	上海寶山路商務印書館編譯所	陳蛻盦 吳漫厂 沈誦之

0322. 劉民畏

0322. 劉民畏（1886—？），名巖，號曙星，以字行，四川人。1912年10月21日由胡樸安、鄧家彥、汪洋介紹入社，入社書編號322。

南社社友錄

南社入社書

九年十月廿一日

姓名	劉民農
年歲	二十七
籍貫	四川
居址	西門生生里
通訊處	中華民報
介紹人	胡鄧汪模孟子庵碩實

南社社友錄

0323. 黃　興

　　0323.黃興（1874—1916），原名仁牧，一名軫，字杞園、廑午，後改名興，號克強，別署董午、董塢、競武、經武，湖南善化（今長沙）人。1912年10月21日由陳其美、朱少屏、姚雨平介紹入社，入社書編號323。1902年赴日本留學，入東京弘文學院速成師範科，與陳天華、楊篤生等組織湖南編譯社、"土曜會"，創辦《遊學譯編》雜誌。1903年4月與鈕永建、秦毓鎏等組織拒俄義勇隊。1904年11月在長沙與蔡鍔、陳天華、宋教仁、劉揆一等組織華興會，任會長。1905年又成立同仇會，任會長；同年任中國同盟會執行部庶務長。1907年9月起先後參與、組織和指揮廣西防城起義、鎮南關起義、欽廉起義、河口起義及廣州新軍起義。1911年1月為策劃廣州起義，在香港成立領導起義的總機關統籌部，任部長。1911年4月27日與趙聲等領導發動了廣州黃花崗起義，負傷後退走香港。武昌起義時從香港趕赴武昌，擔任戰時民軍總司令，負責軍事指揮，在漢口、漢陽前線與清軍作戰。1912年任南京民國臨時政府陸軍部總長兼參謀總長。1913年被推為江蘇討袁軍總司令。遺著有《黃興集》、《黃克強先生詩聯選集》。

南社社友錄

南社入社書　元年十月廿一日

姓名	黃興
年歲	三十八
籍貫	湖南長沙
居址	長沙城內
通訊處	上海同孚路廿一號
介紹人	陳英士 朱少屏 姚雨平

0324. 李書城

0324. 李書城（1882—1965），字小垣，亦作曉園，筆名李唐，化名丁人俊，湖北潛江人。1912年10月21日由朱少屏介紹入社，入社書編號324。1902年入東京振武學校留學。1903年1月與劉成禺等在東京創辦《湖北學生界》，4月參與組織拒俄義勇隊。1904年入日本陸軍士官學校學習。1905年參加組建中國同盟會。1911年武昌起義時任民軍戰時總司令部參謀部長。1912年民國成立後任南京臨時政府大總統府軍事秘書。1914年隨黃興由上海流亡日本，後赴美國。1916年回國後曾任北京攝政內閣陸軍部總長。1926年任北伐軍總司令部顧問。1930年中原大戰時，任山西馮、閻討蔣軍軍事顧問。新中國成立後歷任政務院農業部部長、全國人大常務委員、全國政協常務委員。

南社社友錄

南社入社書

姓名	李書城 小垣
年歲	三十一
籍貫居址	湖北潛江縣
通訊處	北京總統府
介紹人	朱少屛

九年十月廿一日

南社社友錄

0325. 方聲濤

　　0325. 方聲濤（1885—1934），字韻松，福建侯官（今閩侯）人。1912年10月21日由陳其美、朱少屏介紹入社，入社書編號325。1902年東渡日本，入振武學校學習。1903年參與拒俄義勇隊。1912年任江西混成旅旅長。1913年二次革命爆發，任右翼軍司令。1915年任護國軍第二軍第二梯團長。1917年任元帥府拱衛司令。1930年代理福建省政府主席。著有《護國護法將兵紀要》。

南社社友錄

南社入社書 九年十月廿一日

姓名	鄭聲濤
年歲	二十七
籍貫	福建省城
居址	九龍
通訊處	上全
介紹人	陳朱英士

0326. 鄭衡之

0326. 鄭衡之（1881—？），安徽英山（今屬湖北）人。1912年10月21日由徐大純、仇亮、朱少屏介紹入社，入社書編號326。

南社社友錄

南社入社書

九年十月廿一日

姓名	年歲	籍貫	居址	通訊處	介紹人
鄭衛之	三十三歲	安徽英山	北京永光城內高等寺西街小學校轉 國光新至北京國光武主名報館 聞社	本籍英山	徐大純 仇亮 朱少屏

0327. 易 象

0327. 易象（1881—1920），字枚丞，號梅僧，又號梅園，湖南長沙人。1912年10月21日由劉國鈞、朱少屏介紹入社，入社書編號327。1906年加入中國同盟會。1907年與宋教仁、白逾桓等赴東北組建同盟會遼東支部。民初在北京任《亞東新聞》編輯。1914年參加中華革命黨，並考入東京法政學校。1915年與容伯挺發起創立乙卯學會。1916年創辦《上海晚報》。

南社社友錄

南社入社書 元年十月廿一日

姓名	號 冢
年歲	三十一
籍貫	湖南長沙
居址通訊處	長沙理問街蔣湘雲紙盒
介紹人	北京亞東新報劉飛遹 朱△△

0328. 周麟書

0328.周麟書（1888—1943），字嘉林，號迦陵，又號笏園，江蘇吳江（今蘇州市吳江區）人。1912年11月24日由沈昌直介紹入社，入社書編號328。著有《笏園詩鈔》、《滄浪雜吟》、《嘉林詩存》、《周迦陵詩稿》等。

南社入社書

元年十一月廿四日

姓名	年歲	籍貫	居址	通訊處	介紹人
周麟書 號嘉林	貳拾伍歲	江蘇吳江縣	吳江北塘街	吳江城內北街塘街或城區初等小學或亮叔小學堂	沈頴若

0329. 李壽銓

0329.李壽銓（1859—1928），號勁臣，曾作鏡澄，江蘇丹徒(今鎮江市丹徒區)人。1912年10月25日由陳去病介紹入社，入社書編號329。1905年加入華興會和中國同盟會。著有《藥石軒日記》、《藥石軒行錄》、《藥石軒詩稿》、《萍礦說略》等。

南社社友錄

南社入社書 中華民國 年 十月 日

姓名	李壽銓 號勁臣
年歲	五十歲
籍貫	江蘇丹徒
居址	江西萍鄉
通訊處	萍鄉煤礦總局
介紹人	陳佩忍

0330. 朱德龍

0330.朱德龍（1875—？），號侶霞，湖南醴陵人。1912年12月23日由傅熊湘、黃夢蘧、鄭叔容介紹入社，入社書編號330。1925年任嘉禾縣縣長。

南社社友錄

南社入社書 元年十二月廿三日

姓名	朱德龍號霞侶
年歲	三十八
籍貫	湖南醴陵
居址通訊處	醴陵縣東城丁家巷
通訊處	長沙日報館
介紹人	傅熊湘 黃鈞 鄭澤

0331. 劉師陶

0331. 劉師陶（1876—1935），字少樵，號滄霞，湖南醴陵人。1912年10月8日由傅熊湘、鄭叔容、黃夢遽介紹入社，入社書編號331。1905年東渡日本東京弘文學院留學。1911年湖南光復後任教育司科長。1912年任《長沙日報》編輯。

南社社友錄

南社入社書 元年十月八日

姓名	劉師陶 字少雄
年歲	三十六歲
籍貫	湖南醴陵縣
居址	泗汾滄霞里
通訊處	醴陵省城長沙泗汾郵政局日報館
介紹人	傅熊湘 鄭澤 黃鈞

南社社友錄

0332. 劉　謙

　　0332. 劉謙（1883—1959），字約真，號無諍居士，湖南醴陵人。1912年12月23日由傅熊湘、龔爾位、黃夢蓮介紹入社，入社書編號332。中國同盟會會員。早年與傅熊湘、寧調元結庚庚詩社。1912年與傅熊湘、文斐等主編《長沙日報》。著有《戊午集》、《無諍詩稿》、《寧調元革命紀略》、《新生室詩稿》、《蕉窗憶昔》等。

南社社友錄

南社入社書 元年十二月廿三日

姓名	年歲	籍貫	居址	通訊處	介紹人
劉謙約真	二十九	醴陵	小林橋	長沙日報館 又 醴陵張福隆烟號	傅尃 龔爾位 黃鈞

0333. 譚覺民

0333. 譚覺民（1886—？），字藝圃，一作藝夫，湖南湘鄉人。1912年9月由傅熊湘、龔爾位、宋癡萍介紹入社，入社書編號333。

南社社友錄

南社入社書 元 年九月 日

姓名	年歲	籍貫	居址	通訊處	介紹人
譚覺民 藝圃	二十六	湘鄉	三十九 長沙	郵局報館	傅鈍拙 樊辭厂 宗瘦舞

南社社友錄

0334. 孔昭綬

　　0334. 孔昭綬（1878—1929），字攘夷，號競存，湖南瀏陽人。1912 年 9 月由傅熊湘、宋癡萍、龔爾位介紹入社，入社書編號 334。民初任職《長沙日報》。1913 年任長沙湖南省立第一師範學校校長，後留學東京法政大學。1916 年再任湖南省立第一師範學校校長。1922 年當選爲湖南省議會議員、副議長。1923 年主辦《西北報匯》。

南社社友錄

南社入社書 元年九月 日

姓名	孔昭綬 字攘夷
年歲	三十五
籍貫	湖南瀏陽
居址	江楼假
通訊處	長沙日報館
介紹人	傅文渠 宋心白 龔醉庵

0335. 黃 堃

0335. 黃堃（1882—？），號巽卿，湖南湘潭人。1912年9月12日由傅熊湘、黃夢蘧、方旭芝介紹入社，入社書編號335。

南社社友錄

南社入社書 民國元年九月十二日

姓名	年歲	籍貫	居址	通訊處	介紹人
黃堃 號巽卿	三十一	湖南湘潭	湘潭萬古橋	省城通泰街泰安里明德學校	傅尃 黃鈞 方旭之

0336. 成本璞

0336.成本璞（1877—？），字琢如，號天民，又號櫂漁、愚公、愚民，湖南湘鄉人。1912年9月13日由陳去病、傅熊湘、譚介圕介紹入社，入社書編號336。早年留學日本東京速成法政學校。1912年在湖南長沙與譚延闓創辦《天民報》。1917年6月在吉林參與發起成立吉林松江修暇社。1919年被推爲伊犁外交司長。著有《九經今義》、《通雅齋叢稿》等。

南社社友錄

南社入社書 民國元年九月十三日

姓名	年歲	籍貫	居址 通訊處	介紹人
成本璞 字璵如	三十六	湖南省 湘鄉	湘鄉三十七都西陽長街內下東麻石巷湘鄉塘鍛石閣咸廣	陳去病 傅熊湘 譚吉甫

南社社友錄

0337. 阮式一

0337.阮式一(1891—1929年前),名錦麒,號寶軒,以字行,江蘇山陽(今淮安市淮安區) 人。1912年12月8日由胡樸安、周偉介紹入社,入社書編號337。早年就讀於上海吳淞中國公學。有《阮烈士遺集》。

南社社友錄

南社入社書　元年十二月初八日

姓名年歲	籍貫居址	通訊處	介紹人
阮式 二十二	江蘇 鎮江	吳淞中國公學	胡蘊 樸庵 觀崇道 菊庵

0338. 黃懺華

0338. 黃懺華（1890—1977），字璨華，號鳳兮，廣東順德人。1911年8月由黃賓虹介紹入社，入社書編號338。1914年東渡日本求學，專攻哲學、文學，尤專心於佛學。1919年加入少年中國學會。抗日戰爭期間，任教於復旦大學、廈門大學。1961年被聘爲浙江省文史研究館館員。著有《佛學概論》、《中國佛教史》、《佛教宗派源流》、《近代哲學概觀》、《現代哲學概論》、《邏輯思想史略》、《西洋哲學史綱》、《印度哲學史綱》、《水經注捃華》。

南社社友錄

南社入社書

姓　名	黃懺華
年　歲	
籍　貫	廣東順德
居　址	
通訊處	
介紹人	黃朴人
年月日	辛亥八月

0339. 溫 見

0339. 溫見（1882—？），字著叔，廣東梅縣（今梅州市梅縣區）人。1911年9月由葉楚傖介紹入社，入社書編號339。

南社社友錄

南社入社書

姓名	温見 著叔
年歲	三十歲
籍貫	廣東梅縣
居址通訊處	梅縣縣前街光華書局
介紹人	葉楚傖
年月日	辛亥年九月

0340. 姚志強

　　0340. 姚志強（1879—1915），原名永貞，字勇忱，一字永成，化名劫灰，浙江吳興（今湖州）人。1912年6月由陳去病介紹入社，入社書編號340。1908年與陳去病、徐自華、褚輔成等在杭州鳳林寺組織秋社。1909年赴河南洛陽創辦理化講習所，又編輯《中國公報》，與陳其美創辦《民聲叢報》，並加入中國同盟會。1911年與陳其美、宋教仁等組建中國同盟會中部總會。1912年任中部同盟會上海分部部長；與陳去病、王金發等創辦競雄女校。陳去病撰有《王逸（金發）姚勇忱合傳》。

南社社友錄

南社入社書

姓名	姚勇忱
年歲	三十四歲
籍貫	浙江
居址	吳興織里
通訊處	上海法界蒿山路二號
介紹人	陳佩忍
年月日	紀元第一年六月

0341. 吳欽業

0341. 吳欽業（1880—？），字一清，江蘇金山（今上海市金山區）人。1912年8月由高旭、姚光介紹入社，入社書編號341。

南社社友錄

南社入社書

姓名	吳業欽
年歲	卅三
籍貫	江蘇金山
居址	松江朱涇鎮
通訊處	仝上
介紹人	高天梅 姚石子
年月日	元年八月

0342. 呂 陶

0342. 呂陶（1875—？），字篙雨，安徽旌德人。1912年10月14日由胡寄塵、汪洋、胡樸安介紹入社，入社書編號342。

南社社友錄

南社入社書民國元年十月　日

姓名	年歲	籍貫	居址	通訊處	介紹人
呂陶	三十歲	安徽旌德		六安州胡壽庭祝同巷汪子安員胡樸盦	

0343. 王植善

0343. 王植善（1871—1952），字培孫，一字培蓀，上海人。上海南洋中學創辦人。1912年10月20日由朱少屏介紹入社，入社書編號343。1904年任私立南洋中學堂校長。1905年在東京加入中國同盟會。1926年創設南洋中學圖書館。1930年建立科學館。輯注《南來堂詩集》等。

南社社友錄

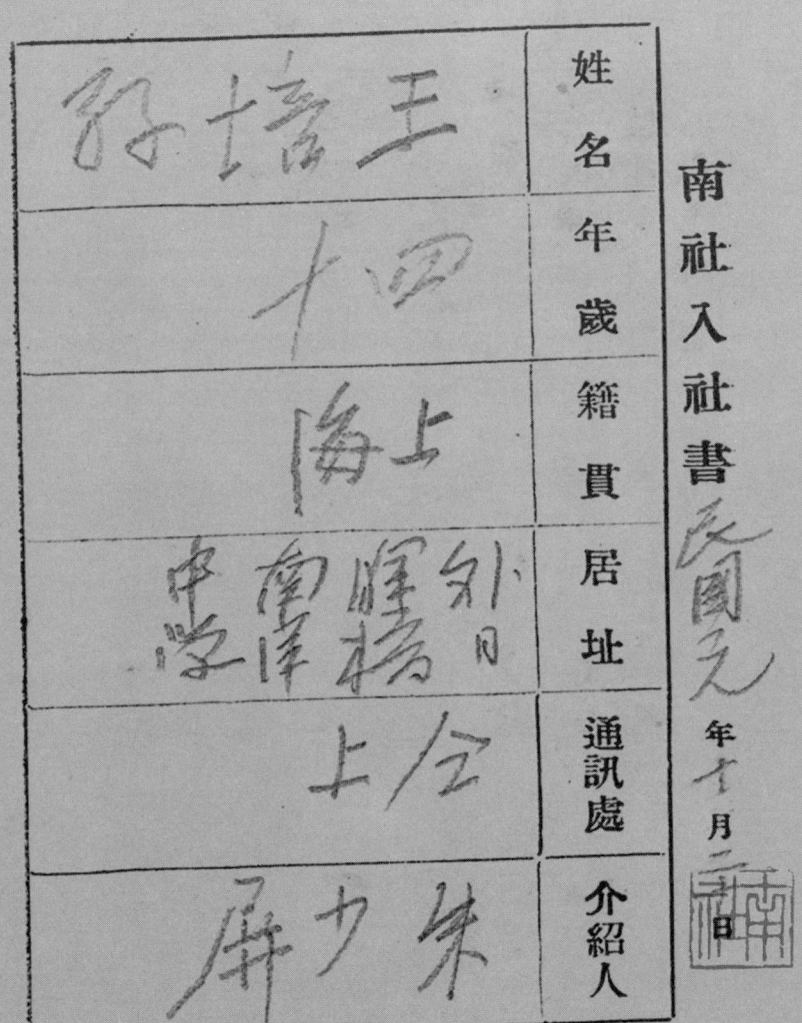

南社入社書　民國元年十月二十日

姓名	王培孫
年歲	四十
籍貫	上海
居址	外白渡橋南潯中學
通訊處	仝上
介紹人	朱少屏

0344. 楊廷溥

0344.楊廷溥（？—？），字嘯蒼，重慶人。1912年10月21日由朱少屏、陳其美介紹入社，入社書編號344。

南社社友錄

南社入社書　元年十月廿一日

姓名	楊廷棟　嘯荼
年歲籍貫	東
居址通訊處	上海西門內方斜橋西行弄底二家
介紹人	朱少屏　姚芙士

0345. 管義華

0345. 管義華（1892—1975），字際安，號霄庵、霄安，江蘇蘇州人。1912年10月21日由汪洋、胡樸安、鄧家彥介紹入社，入社書編號345。1912年任職於《中華民報》，繼任《民權報》筆政。1916年任《民國日報》編輯。1932年5月任《民報》主筆。先後參加平聲、賡春、清社等劇社。曾協助但杜宇創辦上海影戲公司，組織同聲社。著有《旅閩日記》、《昆曲曲調》等。

南社社友錄

南社入社書

姓名年歲籍貫居址通訊處	介紹人
管義華 二十一 江蘇蘇州 江華民報館上	汪子實 胡樸庵 鄧孟碩

元年十月廿一日

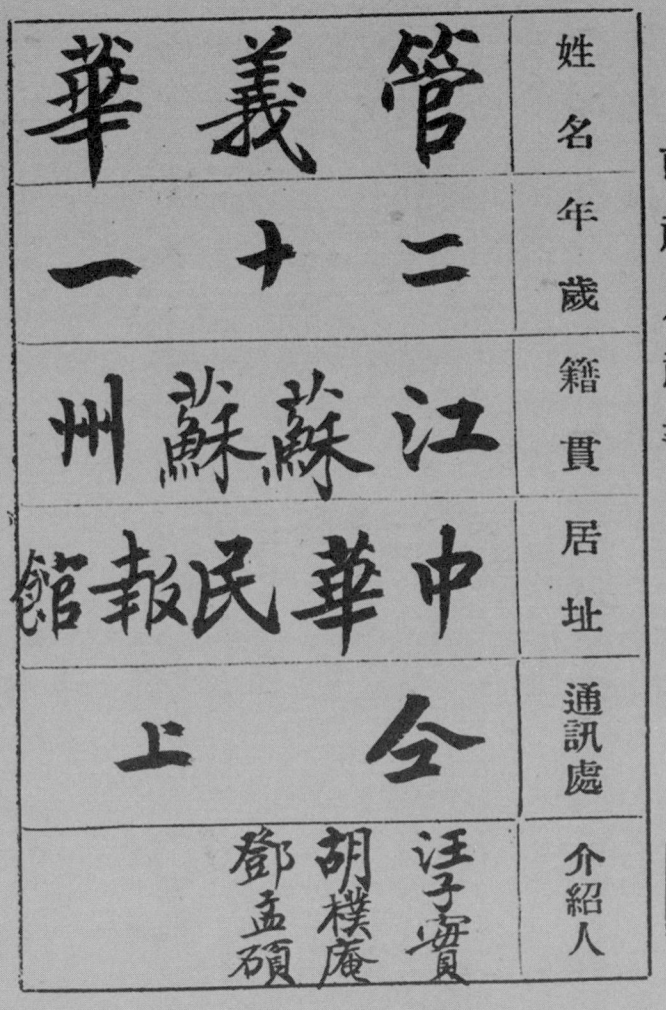

0346. 張滌洲

0346. 張滌洲（1887—？），浙江餘姚人。1912年10月21日由汪洋、胡樸安、鄧家彥介紹入社，入社書編號346。

南社社友錄

南社入社書

姓名	張滌洲
年歲	二十六
籍貫	浙江餘姚
居址通訊處	中華民報館上
介紹人	汪子實 胡樸菴 鄧孟碩

元年十月廿日

0347. 殷 仁

0347. 殷仁（1887—1915），字人庵，一作人菊，又字仁安，號三一先生，別號香坡居士，湖南長沙人。1912年10月21日由鄧家彥、胡樸安、汪洋介紹入社，入社書編號347。

南社社友錄

南社入社書

九年十月廿日

姓名	殷仁 庵人
年歲	二十六歲
籍貫	湖南長沙
居址	中華民報館
通訊處	同上
介紹人	鄧孟碩 胡樸菴 汪子實

0348. 程善之

　　0348. 程善之（1880—1942），名慶餘，字行安，號小齋，別號塵盦，筆名善之，安徽歙縣人。1912年10月21日由鄧家彥、胡樸安、汪洋介紹入社，入社書編號348。中國同盟會會員。1908年起執教於揚州府中學堂。辛亥革命後任《中華民報》編輯。1926年任《新江蘇報》總主筆。1932年被聘爲國難會議成員。1935年任教於揚州國學專科學校。著有《駢枝餘話》、《倦雲憶語》、《宋金戰紀》、《四十年見聞錄》、《清代割地談》、《印度宗教史略論》等。

南社社友錄

南社入社書

姓名	程善之
年歲	三十三
籍貫	安徽歙縣
居址通訊處	中華民報館
介紹人	鄧孟碩 胡樸庵 汪子實

元年十月廿一日

0349. 余先礪

0349. 余先礪（1896—？），字砥吾，湖南湘潭人。1912年10月由傅熊湘、黃夢蘧、劉約真介紹入社，入社書編號349。

南社社友錄

南社入社書

姓名 年歲 籍貫 居址 通訊處 介紹人	
余十七歲	湘潭
先礪	妙高峯本校 長沙南湖校 立第一中學校 公
礪吾 八	傅熊湘 黃鈞 劉謙

元年十月　日

0350. 潘世漢

0350. 潘世漢（1894—？），又名世模，字民殊，號民訐，又號聊居主人，湖南醴陵人。1912年10月由傅熊湘、黃夢蘧、劉約真介紹入社，入社書編號350。

南社社友錄

南社入社書 元年十月

姓名	年歲	籍貫	居址 通訊處	介紹人
潘世十九		醴陵	長沙湖南第一中學校本校	傅熊湘 黃鋱 劉謙
模 民殊				

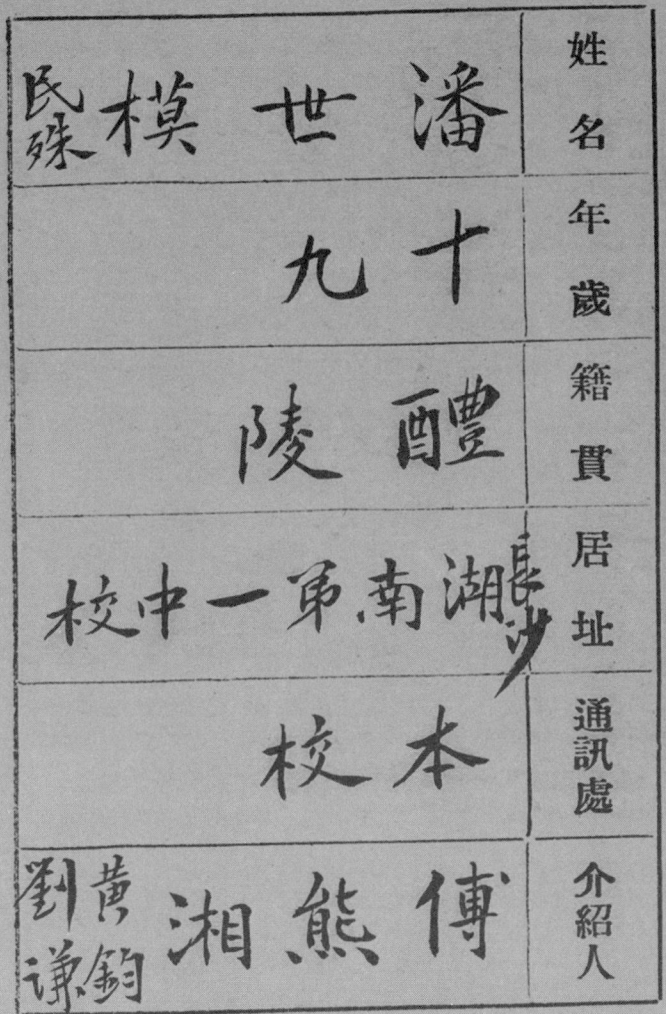

0351. 韓景蘇

0351.韓景蘇(1877—？),字君劍,湖南長沙人。1912年10月由傅熊湘、龔爾位、孔昭綏介紹入社,入社書編號351。

南社社友錄

南社入社書　元年十月

姓名	年歲	籍貫	居址通訊處	介紹人
韓景蘇 君劍	三十六	湖南長沙人	喻家巷 韓廬　同上	傅鈍根 龔介眉 孔昭綬

0352. 龔騫

0352. 龔騫（1877—？），字介子，號隼庵，湖南湘鄉人。1912年10月由龔爾位、傅熊湘、黃夢蘧介紹入社，入社書編號352。

南社社友錄

南社入社書 元年十月 日

姓名	年歲	籍貫居址通訊處	介紹人
龔騫 字介子 君字隼庞	三十六	湖南湘鄉十二都道復堂 城草蕤巷時和春賓館	湘鄉縣龔爾位 傅銳根 黃鈞

0353. 文 斌

0353. 文斌（1892—？），字壯軍，湖南醴陵人。1912年10月26日由傅熊湘、黃夢蘧、龔爾位介紹入社，入社書編號353。

南社社友錄

南社入社書 民國元年十月廿六日

姓名	年歲	籍貫	居址	通訊處	介紹人
文斌 字壯軍	廿一	醴陵	醴陵湖南	東堡安貝巷司署	傅君劍 黃鈞 龔弌信

0354. 邵天雷

0354. 邵天雷（1872—1934），原名崇炳，號肅庭，別號瓜傭，後更名天雷，字無妄，江蘇山陽（今淮安市淮安區）人。1912年10月26日由柳亞子、曹鳳笙、周偉介紹入社，入社書編號354。1906年考入兩江法政學堂。民初任教於江蘇省立清江第三法政學堂。1931年任上海持志大學歷史系教授。著有《剝廬詩文》、《磨硯拾瀋》、《冰雷合稿》（與張冰合著），編有《群史大綱》、《群經大綱》、《周易通義》、《周易本義》。

南社社友錄

南社入社書民國元年十月廿六日

姓名	年歲	籍貫居址	通訊處	介紹人
邰天雷字元妾	四十	淮安山陽	車橋鎮	車橋鎮柳亞子 清江省立第三 曹百庸 法政 周人菊

0355. 范慕蕳

0355. 范慕蕳（1890—？），女，浙江嘉禾（今嘉興）人。1912年10月26日由陳其美、章木良、楊譜笙介紹入社，入社書編號355。

南社社友錄

南社入社書　元年十月廿六日

姓名	范慕蘭
年歲	二十三歲
籍貫	浙江嘉禾
居址	平湖西河灘
通訊處	仝上
介紹人	木良 章笙 為譜 無楊 陳

0356. 邵庸舒

0356.邵庸舒（1890—1936），字元沖，一字玄中，號翼如，浙江紹興人。1912年10月27日由沈礪、呂志伊介紹入社，入社書編號356。1906年考入杭州浙江高等學堂，加入中國同盟會。1911年東渡日本留學。1912年5月《國民月刊》在上海創刊後，爲該刊主要撰稿人之一；7月任上海《民國新聞》主編。1913年二次革命爆發，任長江各軍總司令部秘書長。1914年在日本加入中華革命黨，任《民國》雜誌編輯。1917年任廣州大元帥府機要秘書，並代行秘書長職務。1919年冬赴美留學，先後肄業於威斯康辛大學和哥倫比亞大學。1924年國民黨召開"一大"，被選爲中央候補執行委員，不久遞補爲中央執行委員；同年夏回國，5月13日被孫中山任命爲黃埔軍校政治教官，6月又兼任粵軍總司令部秘書長及《民國日報》社社長。1927年任浙江省政治分會委員兼杭州市市長。1929年4月在上海創刊《建國月刊》雜誌，任主編。著有《邵元沖講演集》、《孫文主義總論》、《中華革命黨史略》、《各國革命史略》、《陳英士先生革命小史》、《玄圃詩集》、《玄圃日記》、《西北攬勝》等。

南社社友錄

南社入社書

姓名	邱庸舒 字冲元
年歲	二十三
籍貫	浙江紹興
居址	紹興下方橋
通訊處	上海民國新聞社
介紹人	沈道非　呂天民

元年十月廿七日

0357. 鄭　權

0357. 鄭權（1878—1939？），字仲敬，一字仲勁，福建福州人。1912年10月27日由沈礦、呂志伊介紹入社，入社書編號357。中國同盟會會員。1911年6月任上海中國國民總會編輯。民初任職《民國新聞》社。

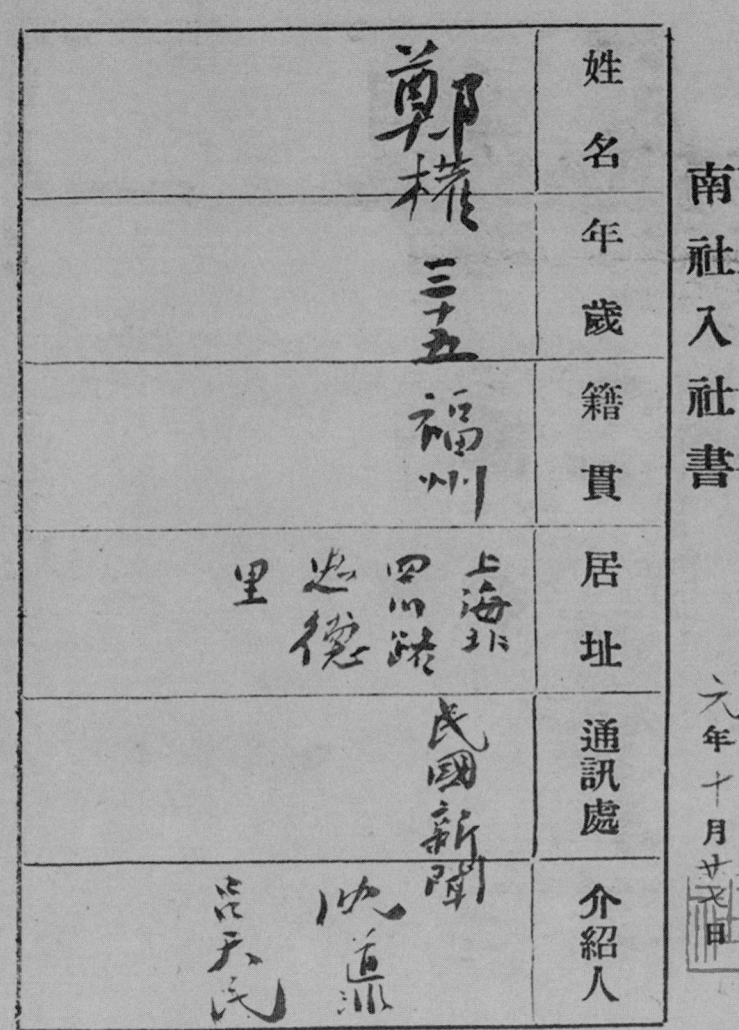

0358. 錢潤瑗

0358.錢潤瑗（1893—1938），又名瑗，字景邁、攘白，號劍魂，別署鏡明，齋號守山閣，江蘇金山（今上海市金山區）人。1912年11月由高旭、高燮、姚光介紹入社，入社書編號358。國學商兌會成員。

南社社友錄

南社入社書民國元年十一月

姓名	年歲	籍貫居址	通訊處	介紹人
錢潤璦 景邊 攘白 劍魂 鏡明	二十	江蘇 金山	錢圩 錢敦素堂	高天梅 高吹萬 姚石子

0359. 錢 鈞

0359. 錢鈞（1885—？），字卓然，江蘇金山（今上海市金山區）人。1912年11月22日由錢攘白、高旭、姚光介紹入社，入社書編號359。

南社社友錄

南社入社書 民國元年十一月廿日

姓名	年歲	籍貫	居址通訊處	介紹人
錢亭 名鈞	廿八	金山	亦來廟 朱同生君號交	錢壤 白高天 梅一 姚凡 石

0360. 吳　銳

0360. 吳銳（1877—？），字劍士，江蘇金山（今上海市金山區）人。1912 年 11 月 24 日由高旭、姚光、錢攘白介紹入社，入社書編號 360。

南社社友錄

南社入社書 中華民國元年十一月廿四日

姓名	年歲	籍貫	居址	通訊處	介紹人
吳銳 字劍士	三十六歲	金山朱涇		國民黨	高旭 姚石子 錢攘白

0361. 吳　鼎

0361.吳鼎（1889—1930），字定九，江蘇嘉定（今上海市嘉定區）人。1912年11月24日由朱少屏、胡寄塵、王培孫介紹入社，入社書編號361。1911年上海南洋中學畢業後留學日本，入名古屋高等工業學校習土木工程。1919年供職於北京市政公所，兼職經營《京報》。著有《新聞事業經營法》等。

南社社友錄

南社入社書

姓名	吳騂 九㝎
年歲	二十三歲
籍貫	江蘇嘉定
居址	嘉善㝎 西中 句岡鎮 學
通訊處	南潯中學
介紹人	朱胡王 寄培 屏慶泰 三君

元年十二月廿四日

0362. 徐天復

　　0362.徐天復（1892—1915），原名裕，字血兒，別署衣穀，江蘇金壇（今常州市金壇區）人。1912年11月24日由葉楚傖、胡樸安、余天遂介紹入社，入社書編號362。中國同盟會會員。在《民呼日報》、《民籲日報》、《民立報》主持筆政。1912年被選爲同盟會本部駐上海機關部文事長。1913年1月與邵力子創辦《民國彙報》。二次革命失敗後與葉楚傖創辦《世界雜誌》。著有《滬上春秋》、《宋教仁先生傳略》、《宋鈍初先生之演辭》、《宋漁父》等。

南社社友錄

南社入社書　元年十一月廿四日

姓名	徐血兒
年歲	二十一歲
籍貫	金壇
居址	上海四馬路望平街
通訊處	民立報館
介紹人	葉楚傖 胡樸安 余天遂

0363. 潘 昭

0363. 潘昭（1872？—？），字式南，湖南醴陵人。1912年12月23日由傅熊湘、龔爾位、劉約真介紹入社，入社書編號363。

南社社友錄

南社入社書　元年十二月廿三日

姓名	年歲	籍貫	居址	通訊處	介紹人
潘昭式南	四十	醴陵	漱湖坪	醴陵湘 柳發 盛號	傅熊龔尔伍 劉誼

0364. 汪承寬

0364.汪承寬（1879—？），字頌良，江蘇青浦（今上海市青浦區）人。1912年12月25日由王培孫、胡寄塵、吳定九介紹入社，入社書編號364。輯有《秋老七旬唱和集》等。

南社社友錄

南社入社書 壬子年十二月二十五日

姓名	年歲	籍貫居址	通訊處	介紹人
汪承寬頌良	三十四	青浦重固鎮	上海大東門內胡家宅南洋中學預科	王培孫 吳定九

0365. 方廷楷

0365.方廷楷（1882—？），字瘦坡，安徽太平（今黃山市黃山區）人。1912年12月30日由胡寄塵、胡樸安、柳亞子介紹入社，入社書編號365。著有《習靜齋詞話》、《習靜齋詩話》、《香痕盦影錄》、《春明夢話》等。

南社社友錄

姓名	年歲	籍貫居址	通訊處	介紹人
方廷楷 瘦坡	三十一	太平縣 賦溪橋	安徽太平縣胡哥塵先生同源聚轉交	胡樸菴 柳亞子

南社入社書 民國元年十二月

0366. 陳翼郎

0366. 陳翼郎（1888—？），湖南湘鄉人。1913年由胡樸安、程善之、汪洋介紹入社，入社書編號366。

南社社友錄

南社入社書

姓名	年歲	籍貫	居址	通訊處	介紹人
陳翼郎	二十五	湖南湘鄉		中華民報	胡樸庵 程善之 汪子實

年　月　日

0367. 吳沛霖

0367. 吳沛霖（1884—1925），字澤庵，號覺非，別署梅禪、礜石山樓主、人隱樓主等，廣東揭陽人。1913年3月16日由高燮、姚光、高旭介紹入社，入社書編號367。早年執教於榕江書院、礜石中學、新加坡端蒙學堂等校。1911年回家鄉創辦守約學校。著有《澤庵詩集》、《覺非說》。

南社社友錄

南社入社書　民國二年三月

姓名年歲	籍貫	居址通訊處	介紹人
吳沛霖 二十九 汉卷	廣東揭陽	揭陽磐都　揭陽城內 石孚山麓　新街正源 守約學校　盛號代轉	高噙雪 施石子 高天梅

0368. 陳九韶

0368. 陳九韶（1872—1968），字雯裳，湖南郴州人。1913年2月由陳家鼎介紹入社，入社書編號368。1913年任北京政府第一屆國會衆議院議員。新中國成立後被聘爲湖南省文史研究館館員。

南社社友錄

南社入社書

姓名	陳九韶字雯裳
年歲	四十二
籍貫	湖南郴州
居址	
通訊處	北京象儀院
介紹人	陳汗元
年月日	民國二年二月

0369. 余 鯤

0369. 余鯤（？—？），字華䨐，湖南寧鄉人。1913年4月由陳家鼎、高旭介紹入社，入社書編號369。

南社社友録

南社入社書

姓名	余鯤 華令籥
年歲	
籍貫	湖南
居址	
通訊處	
介紹人	陳陶元 高天梅
年月日	三年四月

0370. 陳景賢

0370.陳景賢（？—？），字鑒吾，浙江杭縣（今杭州）人。1913年4月由杭辛齋、張心蕪介紹入社，入社書編號370。

南社社友錄

南社入社書

姓名	陳景賢 鑑吾
年歲	
籍貫	浙江 杭縣
居址	
通訊處	
介紹人	二年 胃 杭辛齋 張仁蕃
年月日	

0371. 梁 復

0371. 梁復（？—？），字立群，浙江杭縣（今杭州）人。1913年4月由杭辛齋、張心蕪介紹入社，入社書編號371。

南社社友錄

南社入社書

姓名	梁復 子群
年歲	
籍貫	浙江 杭縣
居址	
通訊處	
介紹人	杭辛齋 張心芸
年月日	壬申

0372. 邵瑞彭

0372.邵瑞彭（1888—1938），一名壽籛，字次珊，號次公，浙江淳安人。1913年4月由高旭、陳去病、張心蕪介紹入社，入社書編號372。先後加入光復會、中國同盟會，並任同盟會浙江支部秘書。民國成立後被推爲北京政府國會眾議院議員。1924年11月任北京臨時參政院參政員。曾擔任北京大學、北京師範大學、民國大學教授，並參與創建思辨社。著有《泰誓決疑》、《揚荷集》、《山禽餘響》、《書目長編》、《一切經音義校勘記》等。

南社社友錄

南社入社書

姓名	邵瑞彭 次珊
年歲	
籍貫	浙江淳安
居址	
通訊處	
介紹人	高天梅 陳去病 張仙華
年月日	二年四月

0373. 顧 餘

0373.顧餘(? — ?),字九一,浙江嘉善人。1913年4月由周斌、周亮才、高旭介紹入社,入社書編號373。

南社社友錄

南社入社書	
姓名	顧餘九一
年歲	
籍貫	浙江嘉善
居址	
通訊處	
介紹人	周子怡 周亮才 高天梅
年月日	二年胃

0374. 黃宗麟

0374. 黃宗麟（1876—1953），字雲深，號懶雲，別署浦江野史，上海人。1913年4月由吳修源、高旭、金靜初介紹入社，入社書編號374。早年留學日本法政學校。1912年任中國駐朝鮮仁川領事館領事。1916年回國任外交部主事，兼中央防疫處主任、俄文專修館館長等職。輯有《閔行詩存》。

南社社友錄

南社入社書

姓名	黃榮 麟 雲深
年歲	三十八
籍貫	江蘇上海
居址	朝鮮京城中國總領事館
通訊處	仝上
介紹人	吳信三 高天梅 金靜初
年月日	二年四月

南社社友錄

0375. 黃　節

　　0375. 黃節（1873—1935），原名純熙，字晦聞、玉昆，後改名節，別署晦翁、佩文、黃史氏，廣東順德人。1913年4月由陳去病、高旭介紹入社，入社書編號375。1901年創辦群學書社。1902年與鄧實等創辦《政藝通報》。1905年與鄧實、劉師培、陳去病等創辦國學保存會，創設國學藏書樓，刊行《國粹學報》。1909年在香港加入中國同盟會。辛亥革命後任廣東高等學堂監督。1912年與謝英伯等組織天民社，創辦《天民日報》。1923年2月任廣州大元帥府秘書長。1928年任廣東省教育廳廳長、廣東省通志館館長。1929年任教北京大學，兼清華大學文史與詩學教授。著有《中國通史》、《中國文學史》、《蒹葭樓詩》、《詩旨纂辭》、《亭林詩說》等，另撰有《漢魏樂府風箋》、《曹子建詩注》、《魏文帝魏武帝詩注》、《鮑參軍詩注》等。

南社社友錄

南社入社書

姓名	黃節 晦聞
年歲	
籍貫	廣東 順德
居址	
通訊處	
介紹人	陳去病 高天梅
年月日	二年 胃月

南社社友錄

0376. 陳以義

0376. 陳以義（1876—1915），字仲權，號西溪，曾化名張桐，浙江嘉善人。1913年4月由周志成、杭辛齋介紹入社，入社書編號376。1905年留學日本早稻田大學。在日本加入中國同盟會，並被舉爲嘉興同鄉會會長。1914年參與將國民黨改組爲中華革命黨，並在陳其美爲部長的總務部任職。著有《倚雲樓詩稿》、《倚雲樓唱和集》。

南社入社書

姓名	陳以義 仲權
年歲	三十八歲
籍貫	嘉善
居址	
通訊處	
介紹人	周起成 杭辛齋
年月日	二年四月

0377. 陳守謙

0377.陳守謙（？—？），字劼欽，一字劼嶔，號累庵，別署銘閣，室名嘉樹堂，浙江海寧人。1913年4月由杭辛齋、陳去病、高旭介紹入社，入社書編號377。

南社社友錄

南社入社書

姓名	陳劼欽　字諤
年歲	
籍貫	浙江 海甯
居址	
通訊處	
介紹人	杭辛齋　陳去病　高天梅
年月日	三平　罔

南社社友錄

0378. 白逾桓

　　0378. 白逾桓（1875—1935），字楚湘，別署楚香、楚鄉，湖北天門人。1913年由田桐、高旭介紹入社，入社書編號378。1904年赴日本明治法律學校留學。1905年參與籌組中國同盟會，任司法部幹事。1907年與宋教仁組建同盟會遼東支部。1911年3月與程家檉在北京創辦《國風日報》。1927年在日本主辦《中華民國》雜誌。

南社入社書

姓名	盧頏桓 楚湘
年歲	
籍貫	湖北
居址	
通訊處	
介紹人	田梓琴 高天梅
年月日	

0379. 楊 濟

0379.楊濟（？—？），字救炎，號隨庵，江蘇常熟人。1913年由高旭、龐樹柏介紹入社，入社書編號379。

南社社友錄

南社入社書

姓名	楊濟 林芫
年歲	
籍貫	江蘇 常熟
居址	
通訊處	
介紹人	高天梅 龐逸庵
年月日	

0380. 駱繼漢

0380.駱繼漢（？—？），字墨蓀，湖北人。1913年由陳家鼎、高旭介紹入社，入社書編號380。

南社社友錄

南社入社書

姓名	漢 陸佐 墨孫
年歲	
籍貫	湖北
居址	
通訊處	
介紹人	陳佩忍 高天梅
年月日	

0381. 張　浩

0381.張浩（？—？），字雨樵，浙江東陽人。1913年由杭辛齋、陳去病、高旭介紹入社，入社書編號381。

南社社友錄

南社入社書	
姓名	張謇 雨樵
年歲	
籍貫	浙江
居址	
通訊處	
介紹人	杭辛齋 陳去病 高天梅
年月日	

南社社友錄

0382. 石　瑛

0382. 石瑛（1878—1943），字蘅青，湖北陽新人。1913年由田桐、高旭介紹入社，入社書編號382。1903年赴法國留學，後轉學英國，加入中國同盟會。參加組建南京民國臨時政府，任臨時大總統府軍事秘書。1912年入倫敦伯明翰大學學習。1919年回國任北京大學教授。1932年任南京市市長。抗日戰爭爆發後任湖北省建設廳廳長、省臨時參議會議長。

南社社友錄

南社入社書

姓名	石瑛 衡青
年歲	
籍貫	湖北
居址	
通訊處	
介紹人	田桐琴 高旭梅
年月日	

0383. 谷思慎

0383. 谷思慎（1881—1946），字仲言，山西神池人。1913年入社，入社書編號383。1904年留學日本明治大學，攻讀法政。1905年參與籌組中國同盟會，任經理部經理。1907年9月與景定成、景耀月、狄樓海等在東京創辦《晉乘》雜誌。1911年山西光復後，被山西省推爲南京民國臨時政府參議院議員，後任國會眾議院議員。

南社入社書

姓名	呑思嶁 仲言
年歲	
籍貫	西山
居址	
通訊處	
介紹人	
年月日	

0384. 狄樓海

　　0384. 狄樓海（1874—1938），字觀滄，山西臨猗人。1913 年入社，入社書編號 384。1904 年赴日本留學，後加入中國同盟會。1908 年 2 月在東京與景耀月一道創刊《國報》，任主編。1909 年回國後任教於京師大學堂。1912 年任山西省教育司司長，旋又當選爲國會眾議院議員。1917 年任護法國會眾議院議員，後任北京政府國會眾議院議員。1928 年被聘爲山西大學文學院教授。1930 年發起成立道德學社山西分社。

南社社友錄

南社入社書	
姓名	狄楳海 孔滄
年歲	
籍貫	山西
居址	
通訊處	
介紹人	
年月日	

南社社友錄

0385. 席 綬

  0385. 席綬（1886—1943），字資生，又字季五、克南，湖南東安人。1913年由陳家鼎、陳去病、高旭介紹入社，入社書編號385。中國同盟會會員。早年在湖南組織《天民報》。曾任同盟會湘支部長及第一屆國會眾議院議員、護法國會眾議院議員等職。

南社社友錄

南社入社書

姓名	席暖 資生
年歲	
籍貫	湖南
居址	
通訊處	
介紹人	陳澤元 陳玄病 高天梅
年月日	

0386. 戚　牧

0386. 戚牧（1877—1938），字飯牛，一字和卿，號牛翁，別署牧牛童、簑笠神仙，浙江餘姚人。1913年7月26日由周偉、古直介紹入社，入社書編號386。早年參加麗則吟社。1908年到上海主編《國魂報》。民初加入萍社。1914年與奚燕子、汪野鶴等合編《銷魂語》月刊。曾任中學教員、聖約翰大學教授，又曾在電臺講授國學。著有《牧牛庵筆記》、《綠杉野屋詩話》、《紅樓吟草》、《雙魚館尺牘》、《天問閣雜俎》、《啼笑因緣》彈詞、《山東女俠盜》、《江湖秘訣百種》、《詩人小傳》等。

南社社友錄

南社入社書　民國二年七月廿八日

姓名	戚牧　別字飯牛
年歲	三十六
籍貫居址	原籍 浙紹餘姚縣湖地鎮閭門內盡簽坊三號門牌　蘇城全上　寄籍 江蘇吳縣
通訊處	全上
介紹人	周人菊　公吉愚

0387. 平智礎

0387. 平智礎（1888—？），字復蘇，浙江紹興人。1913年11月9日由朱少屏、姜可生、柳亞子介紹入社，入社書編號387。

南社社友錄

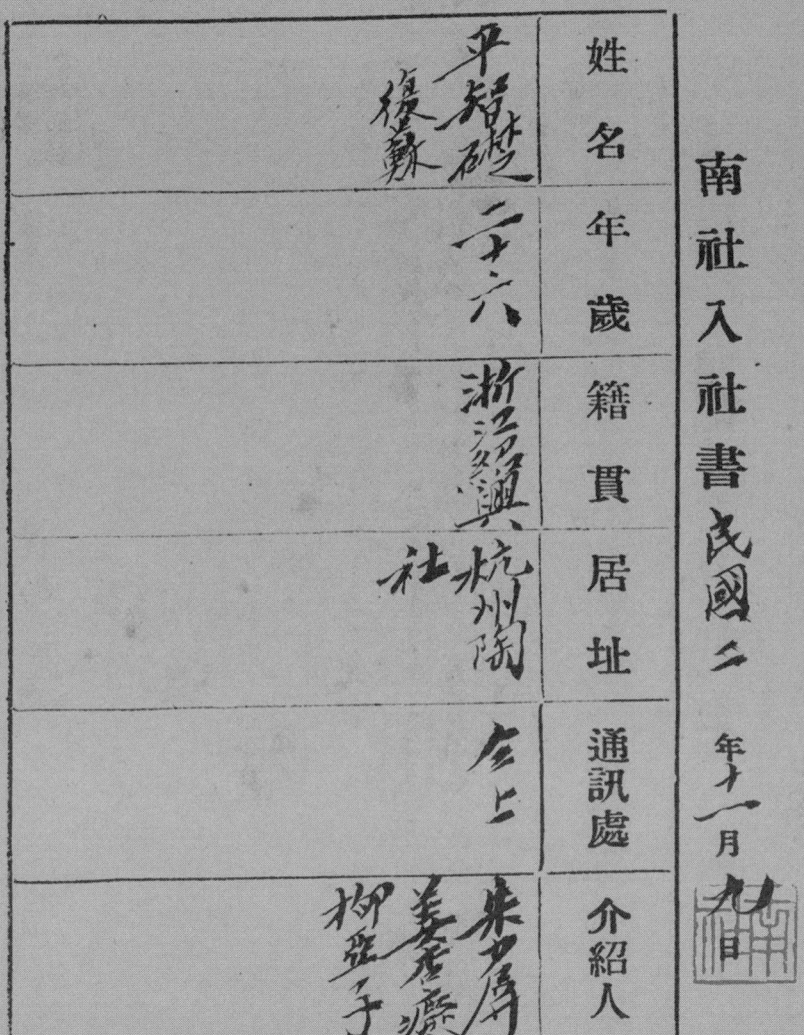

南社入社書民國二年十一月 九日

姓名	年歲	籍貫居址	通訊處	介紹人
平智礎 後蘇	二十六	浙江紹興杭州陶社	仝上	朱少屏 姜毅齋 柳亞子

0388. 王立佛

0388.王立佛（1892—？），字石癡，一字阿德，江蘇丹陽人。1913年11月17日由朱少屏、姜可生、蘇曼殊介紹入社，入社書編號388。

南社社友録

南社入社書 二年十二月十七日

姓名	年歲	籍貫	居址通訊處	介紹人
王之佛阿惠石癡	廿二歲	丹陽縣	現居上海稅務公所 家居丹陽南橋 丹陽正印女校 上海稅務公所	朱大屏 姜可生 薛螢磯

0389. 朱宗良

0389.朱宗良（1893—？），原名仲良，字塵仙，一字純先，號無射，浙江海鹽人。1913年11月17日由朱少屏、葉楚傖、柳亞子介紹入社，入社書編號389。民初曾任《生活日報》編輯，後任《民立報》主筆。

南社社友錄

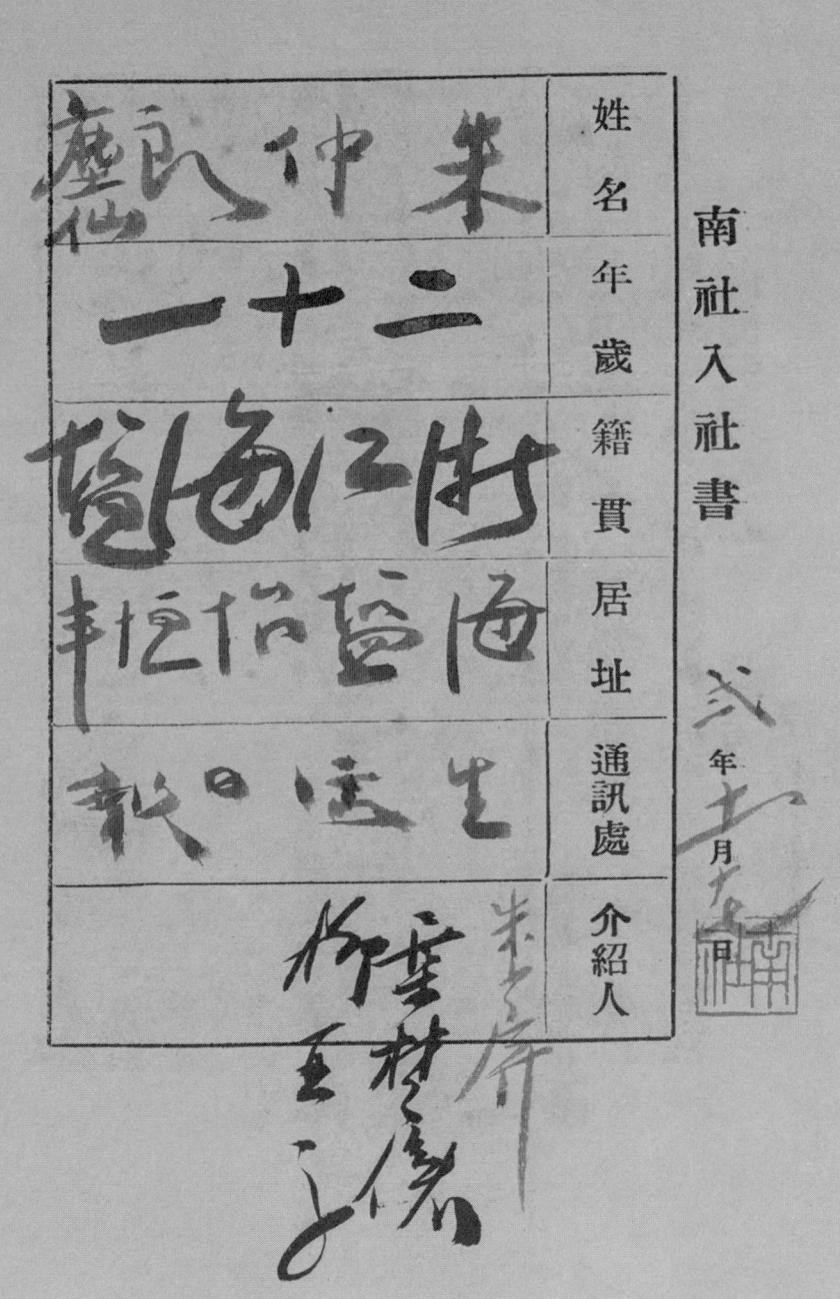

0390. 吳之良

0390. 吳之良（1880—？），字恢善，江蘇金山（今上海市金山區）人。1913年12月由吳劍士、姚光、朱僑良介紹入社，入社書編號390。

南社社友錄

南社入社書　二年十二月　日

姓名	年歲	籍貫	居址	通訊處	介紹人
吳之良號恢善	三十四	金山	朱涇市下塘西大街	乾通洋貨號轉交	吳劍士姚石子朱俊良

0391. 姚式訓

0391.姚式訓(1884—？），浙江台州人。1913年12月由朱少屏介紹入社，入社書編號391。

南社入社書

姓名年歲籍貫居址	通訊處	介紹人
姓蔡 名訓卅		
浙江 台州		
	現住上海望平街此筆姓元里斜橋新桃徐三弄拾寄順二号 筹	朱少屏

年十二月　日

0392. 公羊壽

0392. 公羊壽（1889—1940），原名公羊壽文，後更名壽，字石年，江蘇常熟人。1913年12月由朱少屏介紹入社，入社書編號392。民國初年曾爲北京《生計》旬刊主幹。

南社社友錄

南社入社書 二年十一月

姓名	羊公壽文
年歲	二十五
籍貫	常熟
居址	西北鄉沙洲
通訊處	無錫楊舍轉沙校
介紹人	朱少屏

0393. 周宗澤

0393.周宗澤(1881—？)，字景瞻，湖北襄陽人。1913年12月由朱少屏、汪洋介紹入社，入社書編號393。

南社社友錄

南社入社書

姓名	周宗澤 字景瞻
年歲	三十三
籍貫	湖北襄陽
居址通訊處	樊城馬道口
介紹人	同上
	朱少屏 汪子實

弍年十二月　日

0394. 狄 膺

0394.狄膺（1895—1964），原名福鼎，字君武，號雁月，江蘇太倉人。1914年3月29日由沈嘉康、沈礪、俞鍔、吳相融、馮心俠介紹入社，入社書編號394。1911年11月參加上海光復之役，後入上海龍門師範學校就讀，並畢業於該校；旋入北京大學。1919年曾參與發起五四運動。1921年赴法國留學，入里昂中法大學和里昂大學研究院文科、法科。

南社社友錄

南社入社書

姓名	狄膺 君武 雁月 〔印〕
年歲	二十
籍貫	太倉
居址	璜涇河北街西市
通訊處	上海高等師範省立第二師範學校
介紹人	馮心俠 吳豹軍 俞鈖華 沈道非 沈奔俠
年月日	甲寅三月三日

0395. 梁擴凡

0395. 梁擴凡（1883—？），字紀梅，廣東梅縣（今梅州市梅縣區）人。1914年3月10日由朱少屏介紹入社，入社書編號395。1905年9月在香港加入中國同盟會。民初任職於上海《生活日報》社。

南社社友錄

南社入社書 三年三月十□日

姓名	梁擴凡紀梅
年歲	二十三
籍貫	廣東梅縣
居址	生活日報
通訊處	
介紹人	朱々序々

0396. 謝良牧

0396. 謝良牧（1884—1931），字叔野，號圉人，廣東梅縣(今梅州市梅縣區)人。1914年3月10日由朱少屏、陳世宜介紹入社，入社書編號396。1905年在日本留學期間參加籌組中國同盟會，任會計部長，並赴南洋各地籌設同盟會分部。1907年5月回國策劃和參加潮州黃岡起義。1908年與謝逸橋在汕頭創辦《中華新報》，宣傳反清革命。1912年南京民國臨時政府成立後任臨時參議院議員。1914年任職於上海《生活日報》。1917年南下廣州參加護法運動。

南社社友錄

南社入社書　民國二年三月　日	
姓名年歲	謝良牧　三十一人
籍貫居址	廣東梅縣
通訊處	生活日報
	生活日報
介紹人	朱少屏　陳巫石

0397. 蔣箸超

0397.蔣箸超（1881—1927），字子旌，號抱玄，別號箸廬、蔽廬，浙江紹興人。1914年3月12日由陳世宜、胡樸安介紹入社，入社書編號397。1911年任《民權報》編輯。1914年與劉鐵冷創辦《民權素》、《小說叢報》。著有《聽雨樓隨筆》、《聽雨樓詩話》、《蔽廬日記》等。

南社社友錄

南社入社書

姓名	年歲	籍貫	居址	通訊處	介紹人
蔣箸超字子旋	三十一	浙江紹興	浙江紹興	民權出版部 同上	陳匪石 胡樸安
				罵家圈口	

三年三月十二日

0398. 張 冰

0398. 張冰（1883—1939），原名紫文，又作子文，後改名冰，字餘生，號雪抱，江蘇淮安人。1914年3月13日由柳亞子、周偉介紹入社，入社書編號398。1909年考入南京兩江法政學堂。1910年加入中國同盟會。1911年與周實、阮式一等在家鄉舉事回應武昌起義。1912年秋任南京高等法院推事，後出任浙江明州法院檢察官。1927年後歷任浙江寧海、衢州、嘉善等縣地方法院首席檢察官。著有《冰湖詩集》、《冰雷合稿》。

南社社友錄

南社入社書 三 年 三月

姓名	張冰 字雪艷
年歲	三十二
籍貫	江蘇淮安
居址	淮安車橋
通訊處	同上
介紹人	柳亞子 周念萂

0399. 蕭公望

0399.蕭公望（1880—？），字韻珊，廣東平遠人。1914年3月由朱少屏、胡寄塵、林百舉介紹入社，入社書編號399。民國初年曾任上海《生活日報》編輯。

南社社友錄

南社入社書　二年二月

姓名年歲	蕭公望韻珊 三十五歲
籍貫	廣東平遠縣
居址	上海生活日報
通訊處	生活日報
介紹人	朱少屏 胡寄塵 林百祥

0400. 程萇碧

0400. 程萇碧（1895—？），原名忠，字心中，號心丹，安徽黟縣人。1914年3月由陳去病、胡樸安、胡寄塵介紹入社，入社書編號400。

南社入社書

姓名	程忠念 字萇馨 心中
年歲籍貫	
居址	安徽黟縣 杭州大東門德里 上海盃湯忍
通訊處	陽高弄錦庵胡樸 成綱莊胡寄塵
介紹人	陳佩忍 待覓 待覓

二年三月 日

0401. 許國英

0401. 許國英（1875—1923），字志毅，一字指嚴，又作子年，號甦庵，別署不才子、硯耕廬主、彈華閣主等，江蘇武進（今常州市武進區）人。1914年3月27日由王蘊章、莊翔聲、胡寄塵介紹入社，入社書編號401。1899年與蔣維喬等在家鄉創辦修學社。1903年任南洋公學國文教員。1916年任北京政府財政部機要秘書。1917年在北京創辦《說叢》雜誌。1919年在上海任《小說新報》編輯。著有《近十年之怪現狀》、《指嚴小說精華》、《民國春秋演義》、《三十二朝皇宮秘史》、《清史野聞》、《南巡秘記正續集》、《許指嚴小說集》等。

南社社友錄

南社入社書　民國三年三月廿七日

姓名年歲	籍貫居址	通訊處	介紹人
許國英字志毅一字指嚴別號庵 本月才入作處	三九	江蘇武進	原籍武進城內周線巷 現為上海寶山路商務印書館編譯所	上海寶山路商務印書館編譯路廣吉里五百七十二號	王蓴農 莊翔聲 胡寄塵

南社社友錄

0402. 王德鍾

0402. 王德鍾(1897—1927)，字玄穆，號大覺，又號幻花，江蘇青浦（今上海市青浦區）人。1914年4月1日由陳去病、葉楚傖介紹入社，入社書編號402。1915年參加柳亞子在黎里組織的酒社。1917年在周莊與費公直等成立正始社，任社長。1919年任《民國日報》藝文部主筆。1924年秋與王德錡、費公直等成立紅十字會周莊分會，擔任會長。著有《風雨閉門齋詩文詞集》、《斷梗飄蓬記》、《咒紅憶語》、《琅琊碎錦》、《鄉居百絕》、《鴛鴦湖即事》等。

南社社友錄

南社入社書

姓名	王德鍾 字大覺
年歲	十八歲
籍貫	江蘇青浦
居址	蘇州周莊浹港
通訊處	仝上
介紹人	陳佩忍 兼 楮億

三年四月

0403. 黃　瀾

0403.黃瀾（1879—？），字簣孫，號定禪，廣東梅縣（今梅州市梅縣區）人。1914年4月1日由朱少屏、林百舉、謝良牧介紹入社，入社書編號403。著有《百琲珠》、《改良江浙蠶絲議》等。

南社社友錄

南社入社書 中華民國三年四月 一日

姓名	年歲	籍貫	居址	通訊處	介紹人
黃澗 小字贊孫 又號定禪	三十六	梅縣	東廂堡廣益書局		朱屏子 林百舉 謝良牧

0404. 周錫三

0404. 周錫三（1886—？），廣東三水（今佛山市三水區）人。1914年4月3日由朱少屏介紹入社，入社書編號404。1909年任《民呼日報》、《民籲日報》撰述。

南社社友錄

南社入社書 三年〇月三日	
姓名	周錫三
年歲	二十九
籍貫	廣東
居址	武昌三水縣上路十号
通訊處	大陸報
介紹人	朱少屏

0405. 王章虎

0405. 王章虎（1885—？），字彰甫，上海人。1914年4月9日由朱少屏、金靜初、柳亞子介紹入社，入社書編號405。

南社社友錄

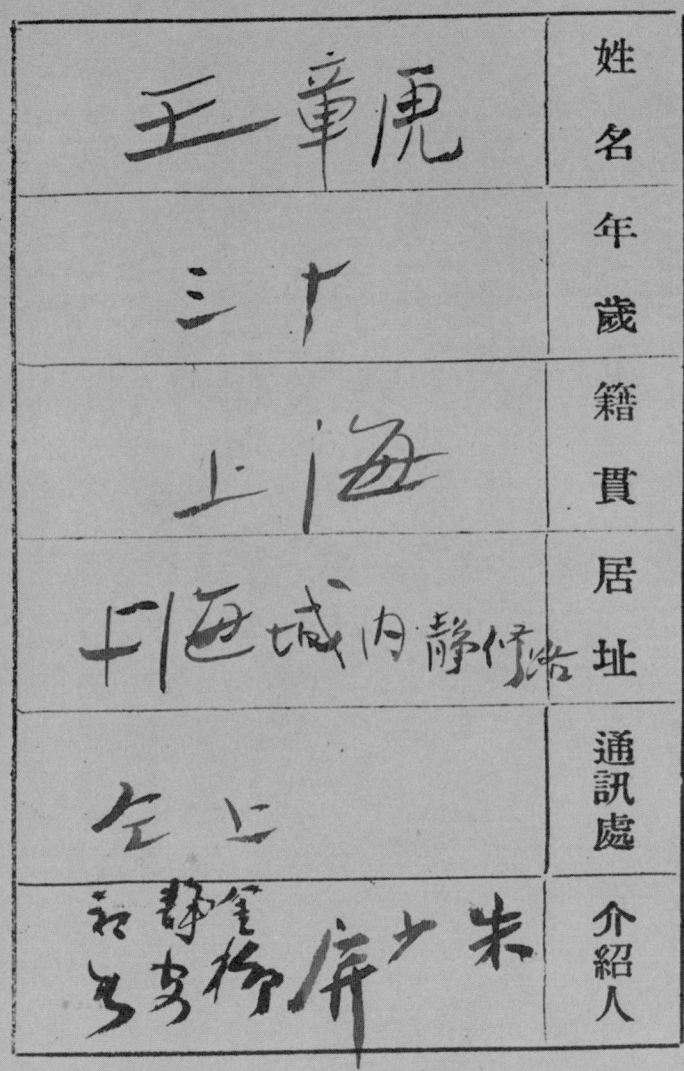

南社入社書　三年〇月九日

姓名	王輯虎
年歲	三十
籍貫	上海
居址	上海城內靜修路
通訊處	仝上
介紹人	朱少屏 金靜芗 沈道非

0406. 譚 天

0406.譚天（1881—？），原名新潤，字天風，號逋僧，浙江嘉興人。1914年由柳亞子介紹入社，入社書編號406。著有《彎弧廬詩稿》。

南社社友錄

南社入社書

姓名	譚天字天風
年歲	三十四歲
籍貫	浙江嘉興
居址	嘉興芝橋街
通訊處	同上
介紹人	柳亞子

年　月　日

0407. 于 定

0407.于定(1893—？),字秋墨,別署秋穆,江蘇金壇(今常州市金壇區)人。1914年4月14日由朱少屏、葉楚傖、朱宗良介紹入社,入社書編號407。曾任《民國日報》記者等職。

南社社友錄

南社入社書

姓名	于秋墨
年歲	廿二歲
籍貫	江蘇金壇
居址	〃 〃
通訊處	〃 〃 〃 〃
介紹人	龐檗子 朱少屏 朱鴛雛
年月日	三年四月十四日

南社社友錄

0408. 邵聞泰

　　0408.邵聞泰(1882—1967)，初名景奎，又名鳳壽，後改名聞泰，字仲輝，號力子，浙江紹興人。1914年4月15日由朱少屏、葉楚傖、柳亞子介紹入社，入社書編號408。1902年就讀於上海南洋公學特班。1905年入震旦公學。1906年隨馬相伯創辦復旦公學，同年10月與于右任一道東渡日本留學，加入中國同盟會。1907年春回國後曾任上海南洋中學教員，先後協助于右任創辦《神州日報》、《民呼日報》、《民籲日報》、《民立報》、《生活日報》，任《民立報》編輯和《民信報》記者。1913年兼任復旦公學教員。1916年與葉楚傖同任《民國日報》總編輯，1919年任該報副刊《覺悟》主編。1920年與陳獨秀等在上海組織馬克思主義研究會和上海共產主義小組。1922年與于右任等創辦上海大學。1923年10月14日與柳亞子、葉楚傖、胡樸安、陳望道等8人發起成立新南社，被舉爲第一屆編輯主任。1924年當選爲國民黨第一屆中央候補執行委員。1925年任黃埔軍校秘書處處長，旋任軍校秘書長，後任軍校政治部主任。1926年8月以中國國民黨代表身份赴莫斯科出席共產國際第七屆擴大會議。1927年後曾任國民革命軍總司令部秘書長、中國公學和復旦實驗學校校長、國民政府立法院院長、甘肅和陝西省政府主席、國民黨中央宣傳部部長、國際反侵略同盟大會中國分會理事會主席、駐蘇聯大使、國民參政會秘書長、憲法促進委員會秘書長、國防最高委員會委員、國民黨中央監察委員會常務委員等職。1949年4月爲國民政府和平談判代表團成員。新中國成立後歷任中央人民政府政務院委員、全國人大常委會委員、全國政協常務委員、民革中央常務委員、中國人民保衛世界和平理事會常務委員等職。著有《建國在作戰的時候》等。

南社入社書

姓名	邵聞泰 仲輝
年歲	三十二
籍貫	紹縣
居址	打鐵浜同德南里廿六號
通訊處	同上
介紹人	朱少屏 葉楚傖 柳亞子
年月日	民國三年9月十二日

南社社友錄

0409. 蕭蛻

0409.蕭蛻（1877—1958），原名嶙，字退闇，又字中孚、盅孚，號蛻盦，別署蛻公、蛻庵、退庵、寒叟、無翁等，江蘇常熟人。1914年4月26日由柳亞子、陳去病、龐樹柏介紹入社，入社書編號409。早年參加中國同盟會。民初先後在蘇州明德小學、上海愛國女校、城東女學等校任教，並繼蔡元培之後代理愛國女校校長。1928年與黃賓虹、胡樸安、汪聲遠等在上海創辦國畫補習社。新中國成立後被聘爲江蘇省文史研究館館員。著有《蛻盦詩鈔》、《勁草廬文鈔》、《華嚴字母學音篇》、《小晴雲館論書》等。

南社入社書

姓名	肅蚖
年歲	三十七
籍貫	常熟
居址	上海
通訊處	愛國女學校
介紹人	柳棄疾 陳去病 龐樹柏
年月日	民國三年四月廿六日

0410. 白　炎

0410.白炎（1876—？），字臥羲，號中磊，河北宛平（今北京市豐臺區）人。1914年4月由葉楚傖、柳亞子、陳世宜介紹入社，入社書編號410。

南社社友錄

南社入社書

姓名	一字白中居扁 字炎 字傲臥 義
年歲	三十 九
籍貫	北京 宛平
居址	上海
通訊處	生活報館 陳佈雷 鸛轉交
介紹人	葉楚傖 柳亞子 陳佈雷 鸛
年月日	民國三年四月

0411. 劉筠

0411. 劉筠（1894—？），幼名筠郎，字筱墅，號蒨翁，一作蒨儂，別號花隱，又號夢杏山人，更號瀟湘館主人，浙江鎮海（今寧波市鎮海區）人。1914年入社，入社書編號411。

南社社友錄

南社入社書

姓名	名鎛鄉 筱野 幼 劉鈞字 號籛翁 別號箲花 隱又號 夢杏坒 更號瀟湘 館主人
年歲	年二十一歲
籍貫	浙江省 寧波府 鎮海縣
居址	鎮海縣 前緒鄉 牌門鎮
通訊處	寧波鎮 北牌門 鎮啟緒 學校或 德利京 貨號轉 交亦可
介紹人	
年月日	中華民國三年 月 日入社

0412. 陳　定

0412. 陳定（1900—1948），原名小道，字若木，號端白，江蘇金山（今上海市金山區）人。1914年5月7日由柳亞子、李拙介紹入社，入社書編號412。1920年入上海同濟醫工專門學校學習。1923年赴德國名興大學醫科學校深造。20世紀30年代東渡日本，在東京帝國大學附屬傳染病研究所（目黑）從事恙蟲病、皮膚病研究；1936年回國後，歷任江蘇省立醫科大學皮膚病學教授兼附屬醫院皮膚病科主任，江蘇省立南京醫院內科主任，上海同德醫學專門學校風土病講師，生生同德婦產科、內科、皮膚科教授等職。著有《一位工程師的醫藥觀》、《兩個月之鄉村醫生》、《不堪同病》、《續發性貧血》等。

南社社友錄

南社入社書

姓名	陳小遒
年歲	十五
籍貫	江蘇金山
居址	松隱鎮
通訊處	松隱吳公和號
介紹人	柳亞子 李康瑚
年月日	三五七

0413. 仲素其

0413. 仲素其（1886—？），字行然，江蘇沭陽人。1914 年 5 月 24 日由柳亞子、周偉介紹入社，入社書編號 413。

南社社友錄

南社入社書

姓名	仲素其 字行然
年歲	二十九歲
籍貫	江蘇沭陽縣
居址	沭陽縣北仲家圩
通訊處	沭陽縣城內忠武街西首西當典對門唐宅唐古莊收轉
介紹人	柳安如　周偉
年月日	民國三年五月二十四日

0414. 金兆芳

0414.金兆芳（1893—？），字桂畦，江蘇金山（今上海市金山區）人。1914年5月由柳亞子、朱少屏、金蘭畦介紹入社，入社書編號414。

南社社友錄

南社入社書

姓名	金兆蕃 字桂畦
年歲	卅二
籍貫	松江金山
居址	松隱
通訊處	仝上
介紹人	柳亞子 朱少屏 金蕅畦
年月日	

0415. 陸遵熹

　　0415. 陸遵熹（1893—1915），字煥甫，號子美，江蘇吳縣（今蘇州市吳中區）人。1914年5月26日由柳亞子介紹入社，入社書編號415。早年加入民鳴社，曾與馮春航同演《血淚碑》。柳亞子爲其刊《子美集》、《陸生傳》。

南社社友錄

南社入社書

姓名	陸璞
年歲	廿二
籍貫	蘇州葑門
居址	蘇州郁薔薇巷
通訊處	民鳴社
介紹人	柳豆子先生
年月日	陽共 陰肯壁

0416. 衛嘉榮

0416.衛嘉榮（1892—？），字靈水，江蘇吳縣（今蘇州市吳中區）人。1914年5月26日由柳亞子、朱少屏、吳相融介紹入社，入社書編號416。

南社社友錄

南社入社書

姓名	衛靈水
年歲	廿三
籍貫	吳縣
居址	蘇州 九勝巷廿八號
通訊處	北山西鸰轉寄
介紹人	柳亞子 朱少屏 吳豹軍
年月日	

0417. 洪爲藩

0417. 洪爲藩（1893—1953），字白蘋，號北平，江蘇儀徵人。1914年由柳亞子、朱少屏、吳相融介紹入社，入社書編號417。早年就讀於南京高等師範學堂文科，畢業後執教於江蘇省立第一中學、揚州中學、天津南開中學、上海光華大學及復旦大學等多所大中專院校。編有《白話文苑》和《國學研究法》。

南社社友錄

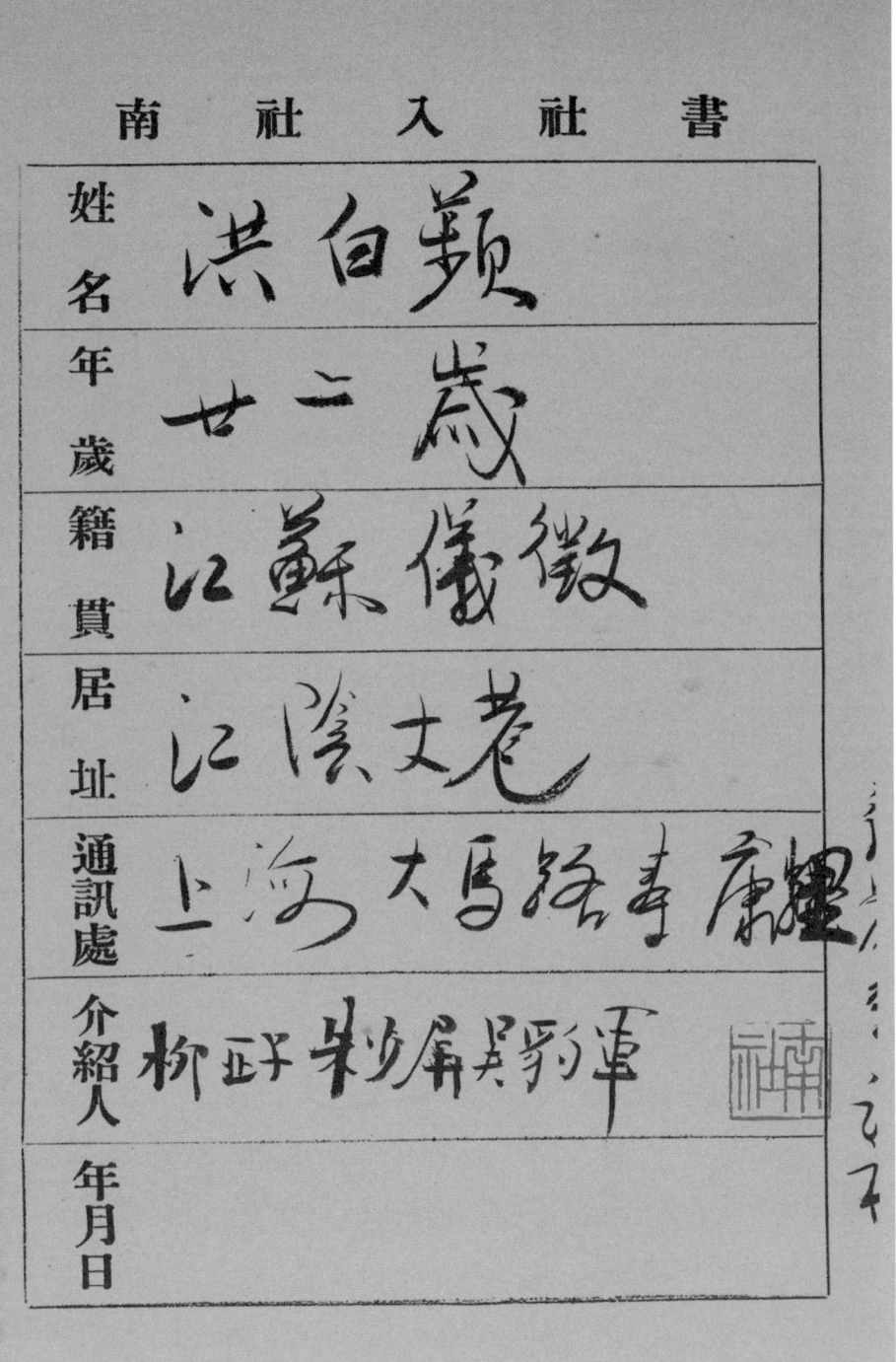

南社入社書

姓名	洪白顥
年歲	廿二歲
籍貫	江蘇儀徵
居址	江陰支巷
通訊處	上海大馬路泰康里
介紹人	柳鈺 物屏 與豹軍
年月日	

0418. 呂碧城

0418. 呂碧城（1885—1943），女，一名蘭清，字聖因、蘭因，號遁天，晚年法號寶蓮，安徽旌德人。1914年6月1日由朱少屏介紹入社，入社書編號418。1903年入天津《大公報》任編輯。1904年主持天津北洋女子公學，1906年於公學中增設北洋女子師範科，任監督。1920年赴美國哥倫比亞大學旁聽。著《鴻雪因緣》、《香光小錄》、《歐美漫遊錄》、《信芳詞》、《信芳詩錄》、《曉珠詞》、《觀經釋論》、《歐美紀事》、《觀無量壽佛經釋論》、《美利堅建國史綱》、《觀音聖感錄》等。

南社社友錄

南社入社書	
姓名	呂碧城
年歲	二十九
籍貫	安徽
居址	寶昌路寶康里五十八號
通訊處	同上
介紹人	朱少屏
年月日	民國三年六月一日

0419. 蔡璿

0419. 蔡璿（1888—1969），女，字景明，上海人。1914年6月由鄭佩宜、柳亞子、朱少屏介紹入社，入社書編號419。

南社社友錄

南社入社書

姓名	聶景山
年歲	
籍貫	上海
居址	西門林蔭路
通訊處	仝上
介紹人	劉佩宜 柳亞子 朱少屏
年月日	民國二年六月

0420. 陸　旋

0420.陸旋（1884—1944），字連寰，又字潤青，號詠黃，江蘇江寧（今南京市江寧區）人。1914年6月1日由朱少屏介紹入社，入社書編號420。1916年任《民國日報》編輯。

南社入社書

姓名	陸旋 字運寰一字詠黃
年歲	三十一
籍貫	江蘇江寧
居址	上海愛文義路三百四十一號
通訊處	生活日報
介紹人	朱少屏
年月日	三年六月一日

0421. 王 橫

0421.王橫(1890—？)，字瘦月，安徽歙縣人。1914年6月3日由柳亞子、葉楚傖介紹入社，入社書編號421。1912年編輯《圖畫劇報》。1914年編輯《新劇雜誌》。著有《中國最新活動影戲段落史》。

南社入社書

姓名	王夜月
年歲	廿五歲
籍貫	安徽歙縣
居址	英大馬路壽康里三百三十七号
通訊處	仝上
介紹人	柳亞子 葉小鳳
年月日	民國三年六月三日

0422. 周 雲

0422. 周雲（1891—1951），原名世恩，字一粟，號湛伯，別號酒癡，浙江杭縣（今杭州）人。1914年6月4日由柳亞子、李拙、顧悼秋介紹入社，入社書編號422。先後參加銷寒社、銷夏社、酒社等。

南社入社書

姓名	周一粟 別號 酒癡 號 湛伯
年歲	二十三
籍貫	浙江杭縣
居址	吳江黎里 館甼紅
通訊處	仝上
介紹人	顧悼秋、李康裕、柳安如
年月日	四年六月三日

0423. 陳 銳

0423. 陳銳（1880—1951），字次青，江蘇吳江(今蘇州市吳江區)人。1914年6月5日由金光弼介紹入社，入社書編號423。

南社社友錄

南社入社書

姓名	陳銳 諮青
年歲	三十四
籍貫	吳江
居址	盛澤九連寺
通訊處	仁壽堂藥局 盛澤北大街
介紹人	金光鍹
年月日	民國三年六月五日

0424. 李志宏

0424.李志宏（1888—？），字心冥，原籍湖南長沙，寄籍江蘇江寧（今南京市江寧區）。1914年由柳亞子介紹入社，入社書編號424。

南社入社書

姓名	李志宏 字心冥
年歲	二十七
籍貫	原籍長沙 寄籍江寧
居址	南京
通訊處	蘇州警察所消防隊
介紹人	柳亞子
年月日	

0425. 顧平之

0425.顧平之（1882—？），浙江海寧人。1914年6月由吳相融、柳亞子介紹入社，入社書編號425。

南社社友錄

南社入社書

姓名	顧年之
年歲	三十三歲
籍貫	浙江海寧
居址	斜橋
通訊處	南洋中學
介紹人	姚鵷雛 柳亞子
年月日	民國三年六月

0426. 朱　普

0426. 朱普（1885—？），字鶴孫，江蘇松江（今上海市松江區）人。1914年6月16日由衛克強、楊錫章、張聘齋介紹入社，入社書編號426。

南社社友錄

南社入社書

姓名	朱璽 松坪
年歲	卅
籍貫	松江
居址	松江西外
通訊處	全上
介紹人	姚石子 張聘 楊了公 鋒 衛叔
年月日	三年六月十六日

0427. 史文欽

0427. 史文欽（1880—？），浙江海寧人。1914年6月16日由朱少屏介紹入社，入社書編號427。

南社入社書

姓名	史文欽
年歲	三十五歲
籍貫	浙江海寧縣
居址	新閘成都路同福里四百零七號
通訊處	寰球中國學生會
介紹人	朱葆康
年月日	民國三年六月十六日

0428. 林味書

0428. 林味書（1887—？），江蘇六合（今南京市六合區）人。1914 年 6 月 20 日由朱少屏介紹入社，入社書編號 428。

南社社友錄

南社入社書

姓名	林味書
年歲	二十八歲
籍貫	江蘇六合
居址	南市同益里十二号
通訊處	仝上
介紹人	朱少屏
年月日	三六廿

0429. 倪中軫

0429.倪中軫（1885—？），字羲抱，號無齋，江蘇無錫人。1914年6月由王蘊章、柳亞子、葉楚傖介紹入社，入社書編號429。民初任教於上海南市函授國文專科學校。1915年與人創辦《雙星雜誌》（後改名《文星雜誌》）。

南社社友錄

南 社 入 社 書

姓名	倪無齋
年歲	五十歲
籍貫	無錫
居址	
通訊處	無錫北門竹場巷 上海南市正橋國文專科學校
介紹人	紫子佩 蔣亞楚 王柳葉
年月日	民國三年二月

0430. 仲 中

0430. 仲中（1895—1960），字達民，號一侯，江蘇泰縣（今泰州市姜堰區）人。1914年6月25日由柳亞子介紹入社，入社書編號430。1917年畢業於南京省立第一工業學校。先後任教於溱潼、廣武等地和泰縣女子職業學校、泰縣縣立中學、縣立師範、私立時敏中學、泰州城北業餘學校。工詩文，擅書法。

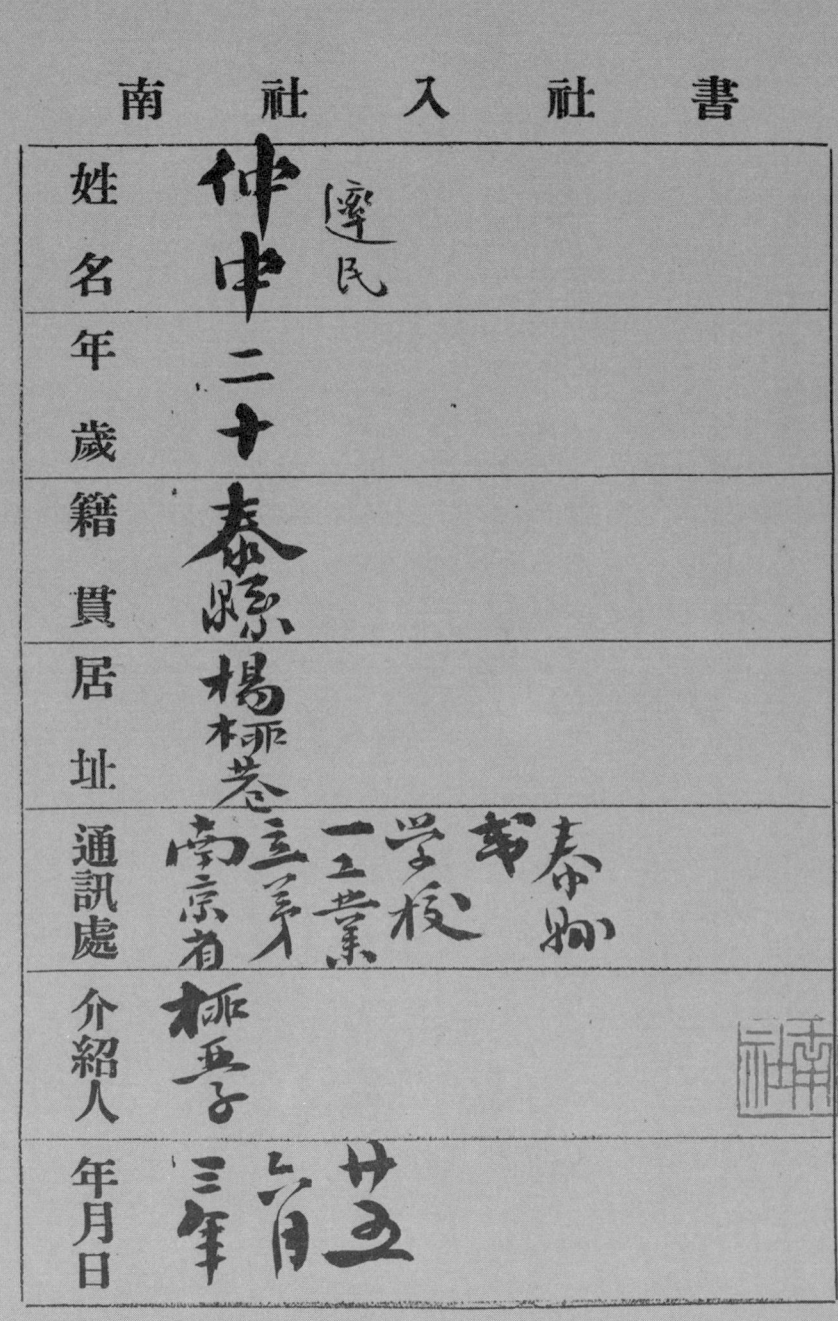

0431. 金慶章

0431.金慶章(1877—？),字靜初,上海人。1914年6月由高旭介紹入社,入社書編號431。早年曾赴日本留學。民初曾在駐朝鮮仁川中國領事館任職。

南社社友錄

南社入社書

姓名	金慶章 靜初
年歲	三十八歲
籍貫	江蘇上海縣
居址	朝鮮仁川中國領事館
通訊處	同上
介紹人	高天梅
年月日	民國三年六月

0432. 袁鏡波

0432.袁鏡波（1895—？），江蘇武進（今常州市武進區）人。1914年7月由洪白蘋、衛靈水、柳亞子介紹入社，入社書編號432。

南社社友錄

南 社 入 社 書

姓名	袁鏡波
年歲	年二十歲
籍貫	江蘇常州人
居址	北山西路繭業公所
通訊處	仝上
介紹人	洪皓 彬重木柳亞子
年月日	民國三年七月

0433. 金體乾

0433.金體乾（1887—？），字葆光，浙江長興人。1914年7月1日由雷鐵厓介紹入社，入社書編號433。民國初年曾在《國民日報》社任職。

南社入社書

姓名	金葆光 乾豐 名骨 號葆光
年歲	二八
籍貫	浙江 湖州 長興
居址	新加坡 暫寓
通訊處	國民日報
介紹人	雷鐵崖
年月日	號 月一 年七 共和三

南社社友錄

0434. 俞武華

0434. 俞武華（1891—？），字俠民，浙江烏程（今湖州）人。1914年7月15日由朱少屏介紹入社，入社書編號434。

南社社友錄

南社入社書

姓名	俞武華　字俠民
年歲	二十四歲
籍貫	浙江烏程
居址	烏程南潯鎮
通訊處	日本東京千馱谷五四九白鵝浦
介紹人	朱少屏
年月日	民國紀元三年七月十三日

0435. 萬 鈞

0435.萬鈞（1892—？），字公度，四川蓬安人。1914年7月15日由俞武華、公羊壽、朱少屏介紹入社，入社書編號435。

南社入社書

姓名	萬鈞 字公度
年歲	二十三歲
籍貫	四川蓬安
居址	蓬安縣霞溪
通訊處	日本東京牛駄右五四九白鶴浦
介紹人	俞武華 公羊壽
年月日	民國三年七月十五日

0436. 俞誠鎬

0436.俞誠鎬（1895—？），浙江奉化人。1914 年 7 月 30 日由朱少屏介紹入社，入社書編號 436。

南社入社書

姓名	俞諴鎬
年歲	廿歲
籍貫	浙江甯波奉化
居址	浙江甯波奉化班竹園
通訊處	甯波奉化亭下鎮沈合義号轉
介紹人	朱少屏
年月日	民國三年七月卅日

0437. 朱慕家

0437.朱慕家（1890—1972），號長綏、古狂、劍廬、劍芒、敏於、茗於、侶侶、佩雙、師俠、師南、天摩、太赤、仲亢、仲康、朱肆、秋棠室、吹花嚼蕊廬、鶯愁蝶倦室等，江蘇吳江(今蘇州市吳江區)人。1914年7月由柳亞子、顧悼秋、周雲介紹入社，入社書編號437。1911年與他人創辦黎里平民小學，編印《褉粹報》，後任梅堰第一國民學校校長、蘇州博文學校和桃塢中學教員。1919年到上海，執教於寰球中國學生會日校、競雄女校、市北中學等校。1924年任上海世界書局《學生會週刊》編輯。1927年後任蘇州關監督、浙江全省禁煙總局秘書、南京特別市財政局文牘主任、上海市財政局秘書。1936年與趙苕狂將《陶庵夢憶》等十種書考訂彙編爲《美化文學名著叢刊》。1939年任福建監察院審計部駐外稽查兼審計處第三組主任。1944年在福建永安辦《長風報》。1945年與林秋葉、羅稚華等組織南社閩集。抗戰勝利後調至上海審計處，任代理處長。新中國成立後任禊湖中學校務委員會副主任、常熟縣政協副主席。著有《辛亥革命滄桑錄》、《南社詩話》、《我所知道的南社》、《南社感舊錄》、《國殤憑弔錄》、《陶庵夢憶考》等。

南社社友錄

南社入社書

姓名	朱慕家 號劍芒
年歲	二十五
籍貫	吳江
居址	黎里 夏家橋
通訊處	平望冬瓜斯港第一初高等 梨里夏家橋 丁宅
介紹人	柳亞子 顧悼秋 周酒痴
年月日	民國三年七月

0438. 沈天行

0438.沈天行（1894—？），字懷北，江蘇常熟人。1914年7月由高旭、拓澤濱、姚鵷雛、馮心俠、狄君武介紹入社，入社書編號438。

南社社友錄

南社入社書

姓名	沈天行 懷北
年歲	二十一歲
籍貫	常熟
居址	三里橋
通訊處	常熟岸然言墨參 馬天梅詹筆皆可 北京爛縵胡同常熟會館
介紹人	狄君武 馮心俠 姚鵷雛 柳摶霄 馬天梅
年月日	

南社社友錄

0439. 梅光迪

　　0439. 梅光迪（1890—1945），字覲莊，一字迪生，安徽宣城人。1914年7月由楊杏佛、任鴻雋介紹入社，入社書編號439。1911年留學美國，先後入西北大學和哈佛大學文學院，專攻文學。1914年參與發起中國科學社。1920年先後任南開大學英文系主任、東南大學西洋文學系主任。1922年與胡先驌等在上海創刊《學衡》雜誌。1927年任中央大學文學院代理院長。著有《梅光迪文錄》。

南社社友錄

南社入社書

姓名	梅光迪　覲莊
年歲	二十五歲
籍貫	安徽宣城
居址	宣城清弋江
通訊處	Foster House, Campus, Evanston, Ill. U.S.A
介紹人	楊銓　任鴻雋
年月日	民國三年八月

0440. 任鴻雋

  0440.任鴻雋（1886—1961），字叔永，別署庶允，四川巴縣(今重慶市巴南區)人。1914年由朱少屏介紹入社，入社書編號440。1907年入中國公學。1908年留學日本，入東京高等工業學校應用化學科。1909年加入中國同盟會。辛亥革命後，任南京民國臨時政府大總統府總務秘書；後往天津主持《民意報》。1913年赴美國康奈爾大學留學，讀理化等科。1914年與胡先驌、楊銓等發起成立中國科學社，創刊《科學》雜誌。1915年當選爲中國科學社社長。1918年先後任教育部專門教育司司長、北京大學教授、商務印書館編輯、東南大學副校長、四川大學校長、中華教育文化基金會董事兼幹事長、中央研究院總幹事兼化學研究所所長等職。新中國成立後任上海科技圖書館館長、上海圖書館館長等。著有《歲暮雜詠》、《嫦娥》、《科學概論》等。

南社社友錄

南社入社書	
姓名	任鴻雋 叔永 H. C. Zen
年歲	廿八
籍貫	四川 巴縣
居址	四川 瀘州
通訊處	126 Linden Ave. Ithaca, N.Y. U.S.A.
介紹人	朱少屏
年月日	

0441. 胡先驌

0441.胡先驌（1893—1968），字步曾，一作先嘯，號懺庵，亦作懺安，江西新建（今南昌市新建區）人。1914年由楊杏佛、梅光迪、柳亞子介紹入社，入社書編號441。早年就讀於京師大學堂，後兩度留學美國。1916年獲美國加利福尼亞州伯克利大學學士學位，1925年獲哈佛大學植物分類學博士學位。1914年在美國時曾參與發起組織中國科學社。歸國後曾任南京高等師範學校、東南大學、北京大學及北京師範大學、清華大學等校教授。1922年與梅光迪、吳宓等創辦《學衡》雜誌。1928年與秉志創立北平靜生生物調查所。1933年與江西農業院合辦廬山植物園。歷任中國科學社生物研究所植物部主任、北平靜生生物調查所植物部主任及所長、廬山森林局局長、中國植物學會第一任會長等職。1948年與鄭萬鈞聯合發表《活化石——水杉新種》論文，轟動國際植物學界。是中國植物分類學的主要奠基人。著有《懺庵文稿》、《懺庵詩稿》（由錢鍾書代爲編訂）、《滄海樓詞》、《經濟植物手冊》、《世界植物地理》、《中國植物新種研究》、《中國森林樹木圖志》等，編有《植物分類學簡編》、《中國植物圖譜》，譯有《漢譯科學大綱》等。

南社社友錄

南 社 入 社 書

姓名	號 懺菴 字 步曾 胡先驌
年歲	二十歲
籍貫	江西省 新建縣
居址	2021 Grant St., Berkeley, Cal., U.S.A. 美國
通訊處	同上
介紹人	楊杏佛　梅光迪 　　栖　亞盧
年月日	

0442. 葉吟生

0442. 葉吟生（1898—？），安徽太平（今黃山市黃山區）人。1914年8月2日由胡寄塵、胡樸安、朱少屏介紹入社，入社書編號442。

南社入社書

姓名	葉吟生
年歲	十七
籍貫	安徽太平縣
居址	湘潭
通訊處	湘潭收生福煙号轉由太平縣大
介紹人	朱少屏 胡樸庵 胡寄塵
年月日	八月二日 民國三年

0443. 華振域

0443. 華振域（1884—？），字書城，江蘇無錫人。1914年8月6日由華龍介紹入社，入社書編號443。

南社社友錄

南社入社書

姓名	華振域 書城
年歲	三十一歲
籍貫	江蘇無錫
居址	蘇州蕩口鎮黃石街
通訊處	同上
介紹人	華龍
年月日	三年八月六日

0444. 華 鴻

0444.華鴻（1886—？），字裳吉，江蘇無錫人。1914年8月6日由其兄華龍介紹入社，入社書編號444。

南社入社書

姓名	華鴻
年歲	廿九歲
籍貫	江蘇無錫
居址	蘇州蕩口鎮黃石街
通訊處	杭州錢塘門內浙江厘華專行轉
介紹人	華龍
年月日	民國三年八月六日

0445. 馬漢聲

0445.馬漢聲（1893—？），號哭天，安徽懷寧人。1914年8月12日由柳亞子介紹入社，入社書編號445。

南社入社書

姓名	馬漢聲　號哭天
年歲	二十二歲
籍貫	安徽懷寧縣人
居址	無定
通訊處	南京紅紙廊楊宅轉交
介紹人	柳亞子先生
年月日	民國三年八月十二日

0446. 周 翰

0446. 周翰（1882—？），字良翰，江蘇吳江(今蘇州市吳江區)人。1914年8月14日由鄭之蘭、華龍、柳亞子介紹入社，入社書編號446。

南社入社書

姓名	周良翰
年歲	三十三
籍貫	吳江
居址	蘇州 封門 內石匠巷 冊一號
通訊處	蘇州 三元坊 師範學校
介紹人	鄭傳華 柳疾龍 亞子
年月日	三年八月十四日

0447. 楊乃榮

0447. 楊乃榮（1888—？），字春時，浙江吳興（今湖州）人。1914年8月由朱少屏介紹入社，入社書編號447。民國初年曾在上海白克路寶隆醫院供職。

南社入社書

姓名	楊乃榮（春時）
年歲	二十七歲
籍貫	浙江吳興
居址	白克路寶隆醫院
通訊處	世居湖州城內觀風巷
介紹人	朱少屏
年月日	三年八月

0448. 周越然

0448.周越然（1885—1962），原名之彥，字越然，號復安，別署走火，浙江吳興（今湖州）人。1914年8月21日入社，入社書編號448。1914年任上海公學教員。1915年任國華書局編輯。曾任上海商務印書館函授學社副社長兼英文科科長。著有《書書書》、《生命與書籍》、《書與觀念》、《文學片面觀》、《英美文學要略》等。

南社入社書

姓名	周越然
年歲	三十歲
籍貫	吳興
居址	湖州西門旱漬橋
通訊處	上海界路承德里254号
介紹人	
年月日	三年八月二十一日

0449. 曹鳳簫

0449.曹鳳簫（1891—1950），字仲韶，號覺庵，曹鳳笙之弟，江蘇高郵人。1914年8月21日由柳亞子介紹入社，入社書編號449。1911年畢業於兩江法政學堂別科。歷任浙江省寧波地方審判廳民事庭推事、浙江省高等審判廳民事庭推事、庭長，最高審判廳民事庭推事、第八庭庭長，司法行政部次長，司法部常務次長等職。先後擔任過杭州法科學校、南京中央大學、中央政治學校、法官訓練所、臺北臺灣大學等校教授。著有《民事訴訟實務》等。

南社社友錄

南社入社書

姓名	曹鳳箎
年歲	二十四歲
籍貫	江蘇高郵縣分
居址	江北氾水鎮
通訊處	寧城地方審判廳
介紹人	柳亞子
年月日	民國三年八月二十一日

0450. 申 檉

  0450. 申檉（1879—1922），又名圭植，字昢觀，號餘胥，別署汕廬、青丘恨人，韓國人。1914年8月24日由朱少屏、陳世宜、胡樸安介紹入社，入社書編號450。朝鮮族，生於朝鮮忠清北道文義郡東面桂山里，由遼寧流亡到上海。1911年在上海、南京等地參加辛亥革命，加入中國同盟會和寰球中國學生會。1912年襄助戴季陶創刊《民權報》，同年與朴殷植、申采浩等韓國志士組織成立同濟社，被推舉爲理事長；又與陳其美、戴季陶等共同組織新亞同濟社。1913年創辦博達學院，創刊《震壇》。1919年大韓民國臨時政府在上海成立後被任命爲法務總長，並被選爲臨時議政院副議長。1921年被大韓民國臨時政府任命爲外務總長兼代國務總理。著有詩集《兒目淚》。

南社社友錄

南 社 入 社 書

姓名	申樨 晚觀
年歲	二十三
籍貫	奉天
居址	奉天省 號
通訊處	學生會 家琉出國
介紹人	朱少屏 [簽名]
年月日	三年八月

0451. 龐樹松

0451.龐樹松（1879—？），字樗農，一字棟材，又字樹坤，號獨笑，別號病紅，別署病紅山人，江蘇常熟人。1914年入社，入社書編號451。1900年與黃人在蘇州創辦《獨立報》，任經理。辛亥革命前後組織詩鐘社。民初爲無錫《明星報》社成員。著有《儂雅》、《吳檮杌》、《靈蓀閣詩話》、《紅脂識小錄》等。

南社入社書

姓名	厐樹松 樗農
年歲	三十六
籍貫	江蘇常熟
居址	蘇州北濠弄
通訊處	無錫明星報社
介紹人	
年月日	

0452. 潘有猷

　　0452. 潘有猷（1894—1975），字幹卿，號公展，浙江吳興（今湖州）人。1914年入社，入社書編號452。早年考入上海聖約翰書院外文系，後受聘爲《時事新報・學燈》和《民國日報・覺悟》特約撰稿人。1919年任上海《學生聯合會日刊》主編。1922年任上海《商報》編輯。1926年主編《申報》要聞欄目。曾任中國公學副校長、私立君毅中學校長等職。1932年在上海創辦《晨報》，又創辦《新夜報》、《兒童晨報》、《兒童畫報》。抗戰勝利後擔任《申報》、《新夜報》董事長，《商報》副董事長等職。1947年在香港創辦國際編譯社。後移居美國，主辦《華美日報》。著有《羅素的哲學問題》、《陳英士先生傳》、《中國學生救國運動史》等。

南社入社書

姓名	潘有獻 字幹卿 別署公展
年歲	二十
籍貫	浙江吳興
居址	菱湖北柵楊家衖朱誠正堂內
通訊處	上海楚王渡約翰書院 或上開居址 或菱湖東柵大集成絲行
介紹人	
年月日	

0453. 楊德鈞

0453. 楊德鈞（1895—？），字東孺，號仲馨，上海人。1914年9月由朱少屏介紹入社，入社書編號453。早年留學日本，入東京法政大學。

南社入社書

姓名	楊東孺 名德鈞 字仲鑿
年歲	二十歲
籍貫	江蘇上海
居址	
通訊處	學生 中國青年會
介紹人	朱屏玉先生
年月日	民國三年九月

南社社友錄

0454. 夏　鑄

　　0454.夏鑄（1885—1946），字丏尊，一字勉旃，號悶庵，別署無悶、默之、夏蓋山民，浙江上虞（今紹興市上虞區）人。1914年9月5日由李叔同介紹入社，入社書編號454。1902年入上海中西書院。1905年留學日本東京弘文學院，後考進東京高等工業學校。1907年任浙江兩級師範學堂通譯助教，兼任舍監和國文教員，編輯《新育潮》。1919年"五四"前後，改革語文教育，提倡白話文，任教湖南省立第一師範學校。1921年執教於上虞縣白馬湖春暉中學，並加入文學研究會。1925年與朱自清、劉大白、葉聖陶、陳望道等人發起成立立達學會，編輯《立達學會會刊》。1926年參加上虞青年協進會。1930年到上海創辦《中學生》雜誌。1936年被選爲中國文藝家協會理事、主席，翌年創辦《月報》雜誌。抗日戰爭爆發後，參與創刊《救亡日報》，並擔任《文化通訊》編輯。著有《文藝論ABC》、《生活與文學》、《現代世界文學大綱》、《平屋雜文》等，譯有《社會主義與進化論》、《愛的教育》、《續愛的教育》、《近代的戀愛觀》、《近代日本小說集》等。

南社社友錄

南社入社書

姓名	夏鑄 字丏尊
年歲	三十歲
籍貫	紹興上虞
居址	杭州羊市街灣井衖
通訊處	杭州師範學校
介紹人	李叔同
年月日	三年九月五日

0455. 徐作賓

0455. 徐作賓（1881—1951），字溥泉，浙江仙居人。1914年9月15日由李叔同介紹入社，入社書編號455。1905年留學日本大森體育專科學校，參加中國同盟會。1906年執教於上海愛國女校，後任臨海耀梓師範學堂教員。1912年任杭州浙江第一師範學校體育教員。

南社社友錄

南社入社書

姓名	徐作賓 字濤泉
年歲	二十四歲
籍貫	浙江仙居
居址	仙居城內
通訊處	杭州師範學校
介紹人	李叔同
年月日	三年九月十五日

0456. 周張帆

0456. 周張帆（1894—？），字破浪，廣東開平人。1914年9月17日由胡寄塵介紹入社，入社書編號456。

南社入社書

- 姓名：周張帆 別破浪
- 年歲：二十一歲
- 籍貫：廣東開平縣人
- 現居住址：廣州天璧樓萆四號
- 通訊處：香港上環德輔道二百七十號匯生源號
- 介紹人：盧鑄魂 胡君雪三
- 年月日：民國九年三月七日

0457. 徐道政

0457.徐道政（1866—1950），字平夫，一字平甫，號病無，浙江諸暨人。1914年9月18日由李叔同介紹入社，入社書編號457。早年執教於浙江兩級師範學堂及浙江省立第一師範學校，與李叔同、夏丏尊、姜丹書等參加樂石社。1919年任浙江省立第六師範學校校長，同時聯合臺州各界人士成立救國會，編印《救國旬刊》。著有《中國文字學》、《得古琴記》、《浙江第一師範校友會志序》、《諸暨詩英》等。

南社入社書

- 姓名　徐道政　號病無
- 年歲　四十八歲
- 籍貫　浙江諸暨縣
- 居址　現住省城第一師範學校
- 通訊處　第一師範學校
- 介紹人　李息
- 年月日　民國三九年九月十八号

0458. 酈忱

0458. 酈忱（1878—？），號賡九，浙江諸暨人。1914年9月18日由李叔同介紹入社，入社書編號458。

南社入社書

姓名	酈忱 號賡九
年歲	三十七歲
籍貫	浙江諸暨縣
居址	現任省城第一師範學校
通訊處	第一師範學校
介紹人	李息
年月日	民國三年九月十八號

南社社友録

0459. 姜丹書

　　0459. 姜丹書（1885—1962），字敬廬，號赤石道人，別署金瀨子，江蘇溧陽人（寄籍浙江杭州）。1914年9月由李叔同介紹入社，入社書編號459。辛亥革命前任教於浙江兩級師範學堂、浙江省立女子師範學校、浙江省立第一中學等校。1919年赴日本、朝鮮考察教育，並與歐陽予倩、豐子愷、劉質平等成立中華美育會。1924年任上海美術專門學校教授。1952年被華東藝術專科學校聘爲教授。著有《丹楓紅葉樓詩詞集》、《敬廬畫集》、《美術史》、《透視學》、《藝用解剖學》、《藝術論文集》、《姜丹書藝術教育雜著》等。

南社入社書	
姓名	姜丹書，字敬廬
年歲	三十歲
籍貫	江蘇溧陽縣
居址	溧陽南渡鎮，現移居杭州
通訊處	杭州省立第一師範校
介紹人	李叔同
年月日	民國三年九月

0460. 邱志貞

0460. 邱志貞（1891—？），字梅白，浙江諸暨人。1914年9月由李叔同介紹入社，入社書編號460。1915年畢業於浙江高等師範學校圖畫手工專修科，後與李叔同等發起成立樂石社。撰有《弘一法師印存跋》。

南社入社書

姓名	邱志貞（梅白）
年歲	二十四
籍貫	諸暨
居址	邱店
通訊處	浙江高等師範
介紹人	李叔同
年月日	民國三年九月

0461. 周　明

0461. 周明（1885—？），字亮夫，又字量父，別署量富，號疾仇，廣東開平人。1914年9月24日由胡寄塵介紹入社，入社書編號461。著有《夢霞樓記》、《憶霞懺語》等。

南社社友錄

南社入社書

姓名	周明　別虎夫　又號疾仇
年歲	三十歲
籍貫	廣東開平縣人
居址	廣州城天馬巷四號
通訊處	廣州城天馬巷四號 廣州公立監獄學校 香港德輔道永德成周道光轉交
介紹人	胡寄塵
年月日	中華民國九月廿肆日

0462. 查天緯

0462. 查天緯（1886—？），字嘯鋏，號紅隱，浙江海寧人。1914 年 9 月由柳亞子、譚天介紹入社，入社書編號 462。

南社社友錄

南社入社書

姓名	查天緯 別署紅隱 嘯鐵
年歲	二十九
籍貫	浙江海寧
居址	袁花鎮
通訊處	嘉興徐家埭高宅轉交
介紹人	柳亞子 譚天
年月日	甲寅九月

南社社友錄

0463. 謝無量

0463. 謝無量（1884—1963），原名蒙，又名沉，字無量，號希範，四川樂至人（生於安徽蕪湖）。1914年9月由朱少屏、楊春時、馬君武介紹入社，入社書編號463。1901年考入上海南洋公學特班，與馬君武、馬一浮等創辦譯學會社，編輯《翻譯世界》雜誌，參加《蘇報》編務。1903年6月因《蘇報》案流亡日本，翌年3月回國，先後在鎮江、杭州等地學校任教。後去北京，肄業於京師譯學館。1906年7月任北京《京報》主筆。1909年被聘爲四川存古學堂監督兼國文教員。辛亥後曾任四川國學院院長。1912年夏任上海中華書局編輯。1923年任教廣東大學。1926年任東南大學歷史系主任，9月任教上海中國公學。"九一八"事變後在上海創辦《國難月刊》，參加中國民權保障同盟。1940年任四川大學中文系主任。新中國成立後歷任四川省文物管理委員會主任委員、四川省文史研究館館員、中央文史研究館副館長。著有《詩經研究》、《詩學指南》、《楚辭新論》、《佛學大綱》、《中國婦女文學史》、《中國哲學史》等。

南社社友錄

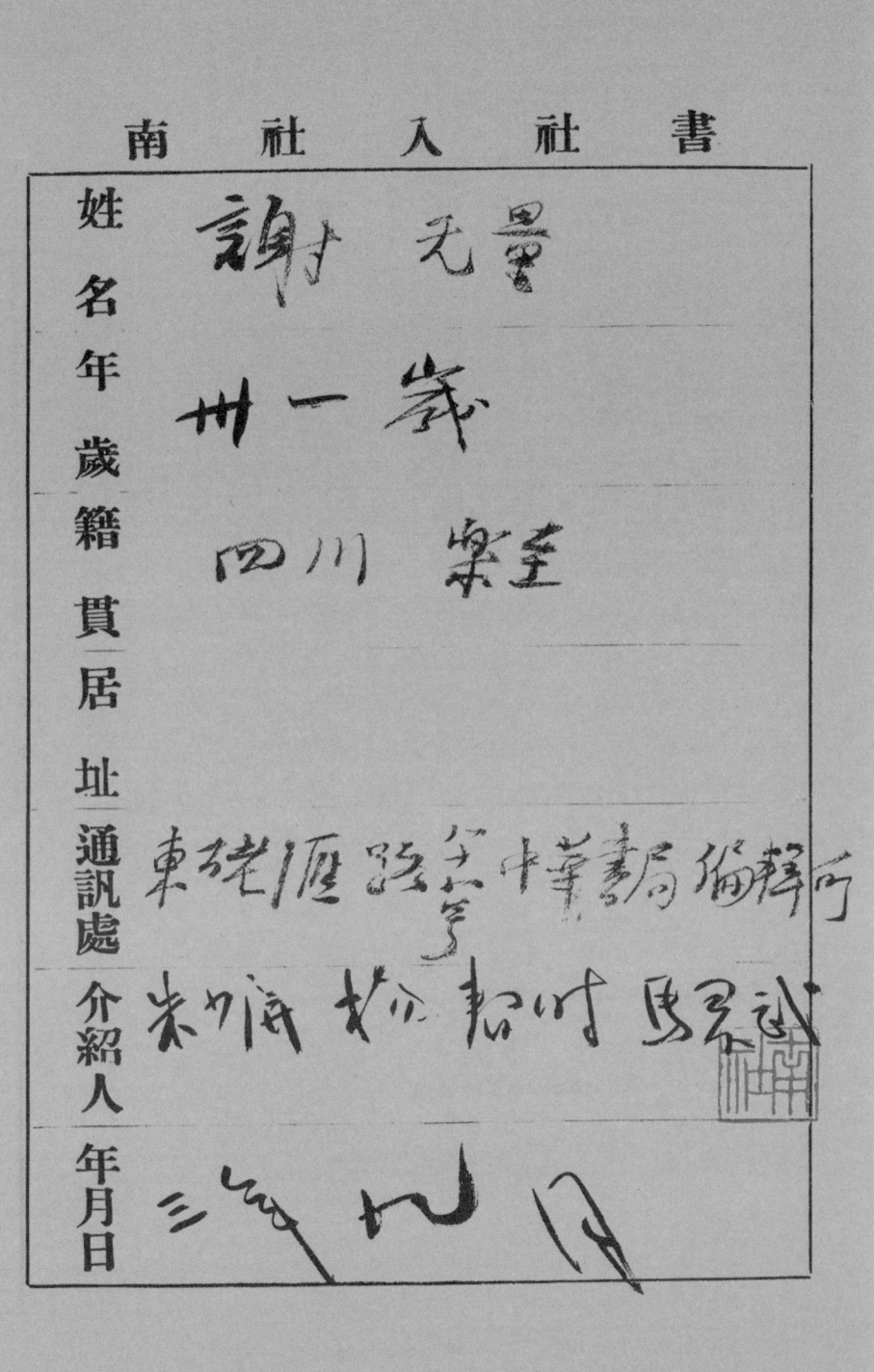

南社入社書

姓名　謝无量
年歲　卅一歲
籍貫　四川樂至
居址
通訊處　東炮廠路笑亞中華書局編輯所
介紹人　朱少屏 柳棄疾 馬君武
年月日　三年九月

0464. 顧震生

0464.顧震生（1897—？），字旦平，江蘇太倉人。1914年9月由朱少屏、胡寄塵、胡樸安介紹入社，入社書編號464。

南社社友錄

南社入社書

姓名	平旦顧 名震生
年歲	捌拾
籍貫	江蘇太倉
居址	太倉浮橋鎮
通訊處	浮橋鎮
介紹人	屏塵庵月 士寄樸年九 宋胡胡三
年月日	

0465. 張 剆

0465. 張剆（1893—？），字花魂，號嫣紅，江蘇太倉人。1914 年 10 月由胡寄塵介紹入社，入社書編號 465。

南社社友錄

南社入社書

姓名	張剷 花魂
年歲	貳拾貳歲
籍貫	江蘇太倉縣
居址	浮橋鎮
通訊處	浮橋鎮
介紹人	胡寄塵
年月日	民國三年十月

0466. 鄭國準

0466. 鄭國準（1892—？），字仄塵，江蘇武進（今常州市武進區）人。1914年由姜可生介紹入社，入社書編號466。

南社入社書

姓名	鄭國準 仄塵
年歲	二十三歲
籍貫	江蘇武進
居址	上海白克路倫信里664
通訊處	同上
介紹人	姜可生
年月日	民國三年

0467. 張通典

0467. 張通典（1858—1915），字伯純，一作伯鈍，號天放樓主，晚號志學齋老人，湖南湘鄉人。1914年由朱少屏介紹入社，入社書編號467。1898年與譚嗣同、康有爲創設南學會，並創辦時務學堂、《湘報》、《時務報》等；同年戊戌變法失敗後流亡湖北、上海，與章太炎等在上海味蓴園發起成立國學會。又參與籌辦江南製造局及上海廣方言館，旋任兩江學務處參議，並倡辦養正學堂、女塾及湖南旅寧公學等。1912年南京臨時政府成立後任內務司司長、臨時大總統府軍事秘書。著有《天放樓文集》、《袖海堂文集》及《志學齋筆記》等。

南社社友錄

南社入社書

姓名	駱伯純
年歲	五十七
籍貫	湘南
居址	
通訊處	北四川路神州學館
介紹人	柳庼
年月日	

0468. 謝樹瓊

0468.謝樹瓊（1885—？），字佩青，雲南騰越（今騰衝）人。1914年10月12日由呂志伊介紹入社，入社書編號468。

南社入社書

姓名	謝樹瓊 字佩青
年歲	三十歲
籍貫	雲南騰越
居址	雲南省城
通訊處	雲南省城東門街如意巷
介紹人	呂志伊
年月日	民國三十二年

0469. 陳 檠

0469.陳檠（1885—1923），字藥義，號越流，浙江諸暨人。1914年由柳亞子介紹入社，入社書編號469。著有《春航談》。

南社入社書

姓名	陳櫟 字樂义 號越流
年歲	三十
籍貫	浙江諸暨
居址	諸暨店口
通訊處	浙江店口
介紹人	柳亞子
年月日	

0470. 陳無名

0470. 陳無名（1871—？），字微廬，浙江諸暨人。1914年由柳亞子介紹入社，入社書編號470。

南社入社書

姓名	陳无名 微廬
年歲	四十四
籍貫	浙江諸暨
居址	諸暨店口
通訊處	浙江店口
介紹人	柳亞子
年月日	

0471. 萬以增

0471. 萬以增（1871—1923），字繼長，一作紀常，江蘇青浦（今上海市青浦區）人，原籍元和（今蘇州市）。1914年10月由柳亞子介紹入社，入社書編號471。編著有《章練小志》、《澱湖小志》、《鄒生傳》。

南社入社書

姓名	萬以增字繼長一字紀常
年歲	四十四歲
籍貫	江蘇青浦原藉元和
居址	松江章練塘
通訊處	章練塘太乙堂藥舖轉
介紹人	柳棄疾亞子
年月日	民國三年十月

0472. 劉鵬年

0472. 劉鵬年（1896—1963），字雪耘，湖南醴陵人。1914年10月29日由柳亞子介紹入社，入社書編號472。著有《傅鈍安先生年譜》、《清涼吟稿》。

南社入社書

姓名　劉鵬　雪耘
年歲　十八
籍貫　湖南醴陵
居址　吳淞中國公學
通訊處　同上
介紹人　柳亞子
年月日　三年十月廿九號

0473. 劉去非

0473.劉去非（1886—？），江蘇淮安人。1914年11月6日由張冰介紹入社，入社書編號473。

南社入社書

姓名	劉去非
年歲	
籍貫	江蘇淮安縣
居址	淮安車橋鎮
通訊處	仝上
介紹人	張雪艳
年月日	三年十一月六日

0474. 鄒 遇

0474.鄒遇（1881—？），字忍伯，號秋士，又號悔悔生，江蘇宜興人。1914年11月6日由柳亞子介紹入社，入社書編號474。撰有《悔悔生自傳》、《哭阮烈士夢桃即題其遺集》。

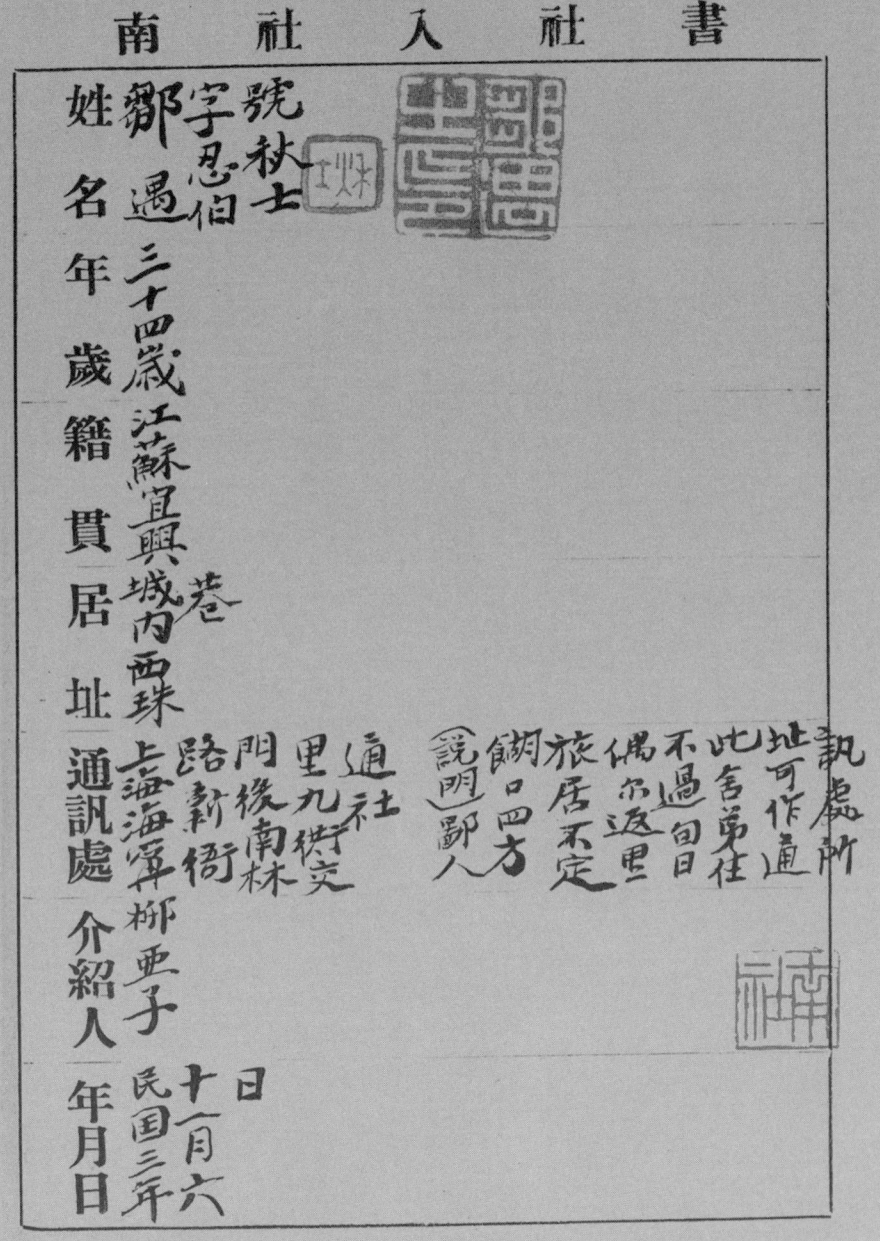

0475. 楊弢俠

0475. 楊弢俠（1879—？），字劍荑，江蘇上元（今南京市）人。1914年11月10日由白中壘、葉玉森介紹入社，入社書編號475。

南社社友錄

南社入社書

姓名	楊發偆字劍貝
年歲	劍英 三十八
籍貫	江寧先 安徽財政
居址	同上
通訊處	同上
介紹人	葉莊浦
年月日	民國三年十二月十日

0476. 錢憲僧

0476. 錢憲僧（1881—？），字壽萱，浙江紹興人。1914年11月10日由葉玉森、白中壘介紹入社，入社書編號476。

南社社友錄

南社入社書

錢憲僧 字壽芝

三十四

浙江紹興

吳

安徽財政廳 同上

葉紅漁

白中皇

三年十一月吉

0477. 徐 夢

0477.徐夢（1880—？），原名儴，字雲石，號凍佛，別號半夢，江蘇宜興人。1914年11月10日由葉玉森、白中壘介紹入社，入社書編號477。著有《臨池瑣語》、《滄海星辰室文存》、《海紅樓詩錄》。

南社入社書

姓名	徐瀁
年歲	三十五
籍貫	江蘇宜興
居址	西閘橋
通訊處	書記廳
介紹人	葉楚傖
年月日	白中黑 三年十月十五日

字雲石 又沫佛

此系大理院 同上

0478. 葉與鳳

0478. 葉與鳳（1885—1926），字巢閣，江蘇吳江（今蘇州市吳江區）人。1914年11月26日由沈志儒介紹入社，入社書編號478。

南社社友錄

南社入社書

姓名	葉鳳巢
年歲	三十
籍貫	吳江
居址	新壩鄉同里本鎮
通訊處	仝
介紹人	沈昌眉
年月日	三年十月廿六日

0479. 李絳雲

0479.李絳雲（1884—1951），原名鼎鏞，曾更名好，字夷峙，別署彝士，浙江嘉善人。1914年11月29日由周芷畦、李雲夔、俞鍔、馮心俠、高旭介紹入社，入社書編號479。著有《絳雲閣詩集》。

南社社友錄

南社入社書

姓名年歲籍貫居址通訊處	介紹人	年月日

李鋒 年三十 浙江加西塘

雲号 一歲 善縣 鎮塘 令上

夷峙　人　本街

周斌 民國
李屺瞻鑒三乙丑
俞劍華 二月
馮心俠 日
高天梅廿賀

南社社友錄

0480. 余其鏘

  0480. 余其鏘（1885—1961），曾更名一，字秋楂，一作秋槎，號十眉，浙江嘉善人。1914 年 11 月 29 日由周芷畦、李雲夔、孫翼雲、俞鍔、馮心俠介紹入社，入社書編號 480。1917 年任護法軍政府宣傳部秘書。1921 年應徐自華之聘赴競雄女校授課，並兼南洋女子師範學校教職。著有《寄心瑣語》、《楚辭新論》、《神傷集》、《靈芬館詩集箋注》等。

南社社友錄

南社入社書

姓名	余一	年 芄
年歲	号千眉	歲
籍貫	浙江桐鄉縣	人
居址	烏鎮南珠溪柵柵為第	
通訊處	同上	小校
介紹人	周誠 李一民 孙翼雲 俞劍華 馮心俠	
年月日	民國三年十一月 廿日	

0481. 鄭之章

0481.鄭之章（1867—1955），字折三，號鄭鄉，浙江桐鄉人。1914年11月30日由譚天介紹入社，入社書編號481。1953年被聘爲浙江省文史研究館館員。

南社入社書

姓名	鄭之章 號析三 更號鄭鄉
年歲	四十八
籍貫	浙江桐鄉縣系
居址	嘉興新塍鎮
通訊處	新塍鎮謝洞橋
介紹人	譚新潤
年月日	三年十一月三十日

0482. 鍾觀誥

0482.鍾觀誥（1875—？），字衡臧，浙江鎮海（今寧波市鎮海區）人。1914年由葉楚傖介紹入社，入社書編號482。早年參加中國教育會，任愛國學社理化教員。民初任職江蘇省立上海第二師範學校。1912年與陳其美、虞洽卿、王雲五、黃賓虹等任上海務商中學校董。

南社社友錄

南社入社書

姓名	鍾衡臧
年歲	四十歲
籍貫	浙江鎮海縣
居址	上海拱宸門內仁安里
通訊處	江蘇省立第二師範
介紹人	葉楚傖
年月日	

二千四百六十三號

南社社友錄

0483. 鄧萬歲

0483. 鄧萬歲（1884—1954），原名溥霖，字季雨，一字爾雅，號鄧齋，別署爾疋、大雅、山鬼等，廣東東莞人（生於北京）。1914 年由蔡哲夫介紹入社，入社書編號 483。1899 年入廣雅書院。1905 年留學日本學醫，後改學文學、美術。1911 年與潘達微等創辦《時事畫報》、《賞奇畫報》。1912 年與黃節、蔡哲夫等創辦南社廣東分社。1925 年 9 月與潘和等組織廣東國畫研究會。1926 年在廣州出版《國畫特刊》，同年加入中國金石書畫藝觀學會，參與組織南社書畫社。1932 年任中山大學教授。著有《綠綺園詩集》、《篆刻卮言》、《文字源流》、《印雅》、《鄧齋印譜》等。

南社社友錄

南社入社書

姓名	鄧萬歲 字爾雅
年歲	甲申二月初一日生
籍貫	廣東廣州府東莞縣
居址	東莞縣城內南街洞口坊鄧宅
通訊處	同上 又 廣州省城都府街六號東莞鄧寓 又 廣州省城西橫街啟明學校轉
介紹人	蔡有守
年月日	

0484. 劉澤湘

0484. 劉澤湘（1868—1925），字今希，晚號釣月老人，湖南醴陵人。1914年由傅熊湘、柳亞子、劉約真介紹入社，入社書編號484。1905年赴日本東京弘文學院師範科習警政，期間加入中國同盟會。1916年任程潛靖國軍秘書。著有《釣月老人遺稿》。

南社社友錄

南社入社書	
姓名	劉澤湘字令希
年歲	四十六歲
籍貫	湖南醴陵
居址	醴陵東鄉荊潭
通訊處	醴陵縣城張福隆煙彈
介紹人	傅鈍根 柳亞子 劉約真
年月日	

0485. 杜國庠

  0485. 杜國庠（1889—1961），字守素，筆名林伯修、吳嘯仙，化名吳念慈，廣東澄海（今汕頭市澄海區）人。1915年1月18日由陳家鼎介紹入社，入社書編號485。1907年留學日本，入早稻田大學、東京帝國大學，與李大釗共同組織丙辰學社。1919年歸國後在北京大學、中國大學、朝陽大學等校任教。1922年參加孤軍社。1925年返鄉任澄海中學校長、潮州金山中學校長。1927年被周恩來委任爲潮陽縣縣長；年底與蔣光慈、錢杏邨、洪靈菲、孟超等成立太陽社，出版《太陽》月刊、《時代文藝》、《海風週報》、《新流月報》和《太陽社叢書》。1928年2月在上海經蔣光慈、錢杏邨介紹參加中國共產黨。20世紀30年代初爲中共中央宣傳部文化工作委員會成員，任中國社會科學家聯盟黨團書記、中宣部幹事，參與編輯中共中央機關報《紅旗》。1947年3月與侯外廬一起主編《文彙報》副刊《新思潮》，並參與編寫《中國思想通史》。新中國成立後歷任中南軍政委員會委員、廣東省人民政府文教辦公室主任、文教廳廳長、廣東師範學院首任院長、中共華南分局宣傳部副部長、中國科學院哲學社會科學部學部委員、中國科學院廣州分院院長、廣東省哲學社會科學聯合會主席、廣東省政協副主席等職。著有《先秦諸子的若干研究》、《先秦諸子思想概要》、《藝術論》、《史的一元論》、《金融資本論》。

南社入社書

姓名	杜國庠 守素 [印]
年歲	二十六
籍貫	廣東潮州澄海
居址	廣東澄海南洋鄉
通訊處	本國請寄廣東澄海南洋鄉 日本請寄東京本鄉森川町四三福起館
介紹人	陳家鼎 [印] [印]
年月日	民國四年一月十八日

南社社友錄

0486. 沈毓源

0486.沈毓源（1884—1932），字詠霓，江蘇吳江（今蘇州市吳江區）人。1915年1月29日由柳亞子、沈昌直介紹入社，入社書編號486。

南社社友錄

南社入社書

字詠霓

姓名	沈韶源
年歲	三十二歲
籍貫	江蘇吳江
居址	蘆墟葉家醬園
通訊處	沈挺隆 沈願若
介紹人	柳亞子
年月日	民九 一月 四年

0487. 王 兢

0487.王兢（1884—？），字嘯蘇，一字笑疏，號疏盦，湖南長沙人。1915年3月10日由龔爾位、傅熊湘介紹入社，入社書編號487。

南社入社書

姓名	王競 字嘯蘇
年歲	三十二歲
籍貫	湖南長沙縣
居址	長沙城內鳳凰台疏盦王
通訊處	同上
介紹人	傅君劍 龔醉庵
年月日	三月十日

0488. 饒 真

0488.饒真（1875—1945），號一梅，廣東梅縣(今梅州市梅縣區)人。1915年3月21日由林百舉介紹入社，入社書編號488。1904年被選派往日本留學。1905年8月在東京參加中國同盟會成立大會。1906年任教於松口師範傳習所。

南社入社書

姓名	饒真齋一梅
年歲	四十歲
籍貫	梅縣
居址	松口
通訊處	松口公學
介紹人	林百舉
年月日	民國四年三月二十一日

0489. 周 剛

0489. 周剛（1895—？），字伯嚴，廣東開平人。1915年3月23日由胡寄塵介紹入社，入社書編號489。

南社社友錄

南社入社書

姓名	周剛 別伯巖
年歲	二十二歲
籍貫	廣東開平
居址	廣州城天馬巷四號樓
通訊處	香港海傍干諾道九十四號永義昌 廣州城花園角後樓房十一號宅
介紹人	胡壽塵
年月日	四年三月二十三號

0490. 吳 雲

0490.吳雲（1894—？），字闕父，號梅癡，安徽歙縣人。1915 年 3 月 23 日由陸澹盦介紹入社，入社書編號 490。

南社社友錄

南社入社書

姓名	吳雲 字闓父 梅痴
年歲	卅二歲
籍貫	安徽歙縣
居址	大東門
通訊處	麵筋弄又二號
介紹人	陸澹盫
年月日	四年三月卅三日

0491. 朱 翱

0491. 朱翱（1899—？），字瘦桐，號淚痕，江蘇太倉人。1915年3月28日由胡寄塵介紹入社，入社書編號491。著有《馬浪蕩》。

南社入社書

姓名	朱淚痕 瘦桐
年歲	十七
籍貫	太倉
居址	北門大街
通訊處	六十八號
介紹人	胡寄塵
年月日	四年三月二十八日

0492. 溫靜侯

0492.溫靜侯（1877—1916），又作溫靖侯，名士璠，字叔子，廣東梅縣(今梅州市梅縣區)人。1915年3月29日由林百舉介紹入社，入社書編號492。早年留學日本，1905年在東京加入中國同盟會。1906年參與創辦松口體育會。

南社入社書

| 姓名 | 年歲 | 籍貫 | 居址 | 通訊處 | 介紹人 | 年月日 |

溫靜侯　三十九　梅縣　松口　松口韓江航業公司轉交　林吉燿

民國四年三月廿九日

0493. 曹鳳儀

0493.曹鳳儀（1864—1932），字翩廷，江蘇高郵人。1915年3月30日由柳亞子、周偉、曹鳳笙介紹入社，入社書編號493。民初曾任高郵縣王營鎮第一小學校長。1918年任崇正小學校長。

南社社友錄

南 社 入 社 書

姓名	曹鳳儀 翽廷
年歲	五十一歲
籍貫	高郵縣
居址	高郵縣界首鎮
通訊處	高郵縣王營鎮第一小學
介紹人	柳亞子 周人菊 曹伯鏞
年月日	民國四年三月三十日

0494. 程華魂

0494. 程華魂（1892—？），字光澤，安徽休寧人。1915年3月由胡寄塵介紹入社，入社書編號494。

南社入社書

程華魂 現年二十 安徽休寧 休寧城内 休寧縣郵 胡寄塵 民國四年
字光澤 四歲　　　　　　縣　　　縣莆河　局轉　　　　　三月

| 姓名 | 年歲 | 籍貫 | 居址 | 通訊處 | 介紹人 | 年月日 |

0495. 王毓岱

0495.王毓岱（1849—1917），字海帆，號少舫，別署舟枕山人，浙江餘杭（今杭州市餘杭區）人。1915年5月14日由丁三在介紹入社，入社書編號495。著有《舟枕山人乙卯自述詩》、《舟枕山人悼亡詩》。

南社入社書

姓名	王毓岱 字海帆 號舟
年歲	六十七歲
籍貫	餘杭
居址	杭城乙巷
通訊處	頭髮巷丁
介紹人	丁善之
年月日	乙卯夏正四月朔

南社社友錄

0496. 程宗裕

0496. 程宗裕（1875—？），字光甫，號弢堂，浙江杭縣(今杭州)人。1910年4月由陳去病介紹入社，1915年4月23日補填入社書，入社書編號496。

南社社友錄

南社入社書

姓名	程宗裕 光甫
年歲	四十一歲
籍貫	浙江杭縣
居址	杭縣城內社壇巷
通訊處	浙江省城全浙公報館
介紹人	陳去病
年月日	民國四年四月二十三日

0497. 蔣 瑭

0497. 蔣瑭（1881—？），字一民，江蘇常熟人。1915年4月由沈天行、俞鍔、馮心俠、公羊壽介紹入社，入社書編號497。

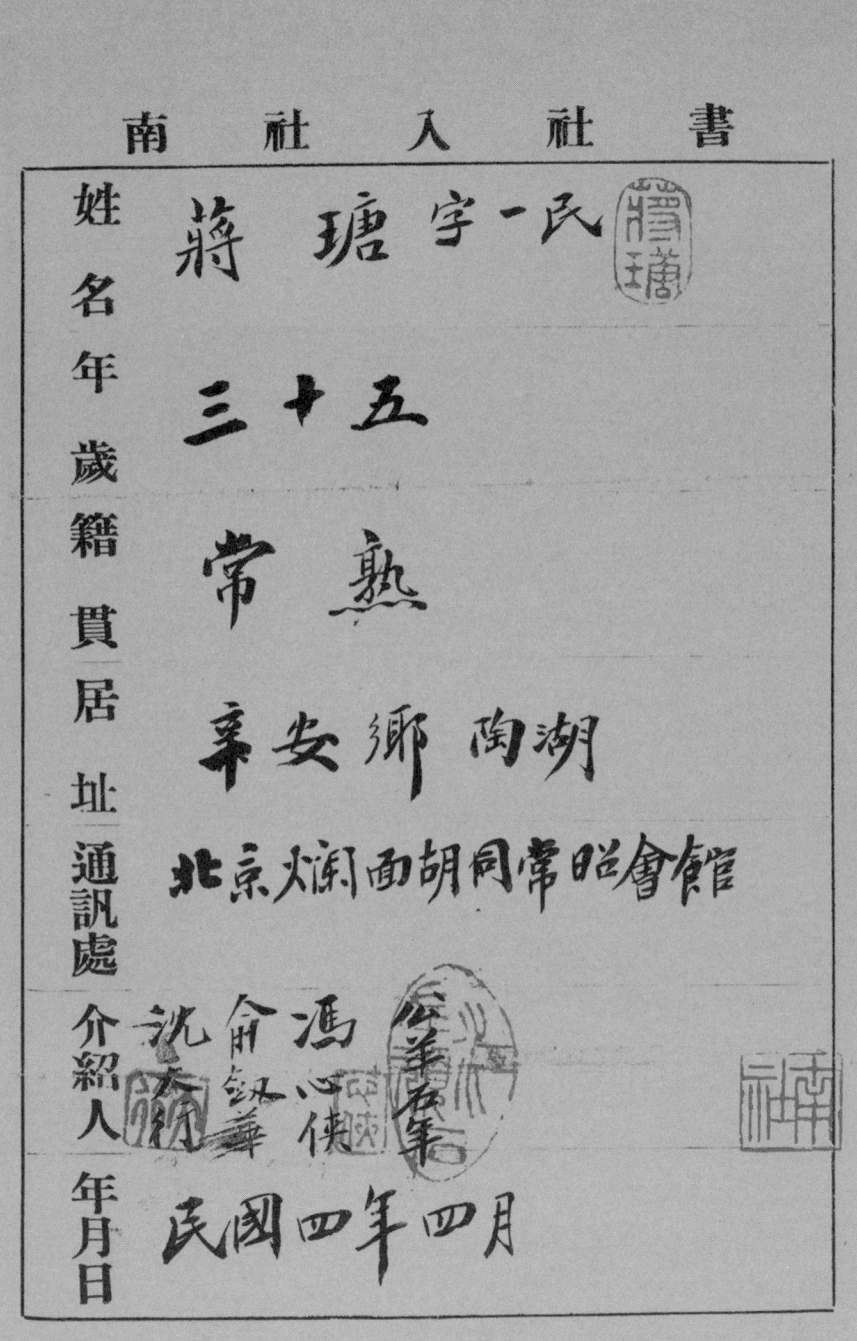

南社入社書

姓名　蔣瑭　字一民
年歲　三十五
籍貫　常熟
居址　辛安鄉陶湖
通訊處　北京爛面胡同常昭會館
介紹人　馮心俠　俞叙華　沈大冏
年月日　民國四年四月

0498. 黃　復

0498.黃復(1890—1963),字婁生,號病蝶,江蘇吳江(今蘇州市吳江區)人。1915年5月1日由柳亞子、顧悼秋介紹入社,入社書編號498。1915年參加酒社。著有《談南社》、《戊申大喪述聞》等。

南社入社書

黃復 二十六 吳江 黎里鎮 淮安縣 柳蠹疾民國
號 蠹塵
別署 病
蝶

中市周典獄署顧旡咎 四年
鴻壽堂 五月
內 一日

| 姓名 | 年歲 | 籍貫 | 居址 通訊處 | 介紹人 | 年月日 |

0499. 陸衍文

0499. 陸衍文（1894—1980），字劍寒，號澹盦，一作澹安，別署悼翁、幸翁、莽書生，江蘇吳縣(今蘇州市吳中區)人。1915年5月5日由胡寄塵、孫延庚介紹入社，入社書編號499。早年任上海正始中學校長，兼任上海大學、同濟大學、上海醫學院、上海商學院等校國學教授以及務本中學、敬業中學、國華中學、民立中學等校國文教員。曾任廣益書局、世界書局編輯。主編《偵探世界》雜誌、《金剛鑽報》。著有《落花流水》、《遊俠外傳》、《群經異詁》、《諸子末議》、《說部卮言》、《唐宋傳奇》、《啼笑因緣正續集》、《秋海棠》、《滿江紅》、《小說詞語匯釋》、《戲曲詞語匯釋》等。

南社入社書	
姓名	陸衍文 號澹盦 字劍寒
年歲	二十二歲
籍貫	江蘇吳縣
居址	上海小南門內俞家街二十三號
通訊處	同居址
介紹人	胡寄塵 孫警僧
年月日	民國四年五月五日

0500. 丁三在

0500. 丁三在（1880—1918），一名三厄，字善之，號不識，別署子居，浙江杭縣(今杭州)人。1915年5月5日由柳亞子介紹入社，入社書編號500。著有《丁子居剩草》。

南社社友錄

南社入社書

姓名	丁三在 一名三虎 字善之 又字不識
年歲	冊六歲
籍貫	浙江杭縣
居址	杭州頭髮巷元始門牌
通訊處	〃 〃 〃
介紹人	柳亞子
年月日	民國四年五月五日

0501. 丁以布

0501. 丁以布（1891—？），字宣之，一字仙芝，號展庵，浙江杭縣（今杭州）人。1915年5月5日由柳亞子介紹入社，入社書編號501。亦能詩。

南社社友錄

南社入社書

姓名	丁以布 字宣之 又字仙芝 號夷庵
年歲	廿乙歲
籍貫	浙扛杭縣
居址	杭州歆袋巷九號門牌
通訊處	〃　〃　〃
介紹人	柳亞子
年月日	民國四年五月五日

0502. 顧保瑢

0502.顧保瑢（1879—1966），女，亦名葆瑢，字幼芙，號婉娟，又號懷鵑，江蘇華亭（今上海市松江區）人。1915年5月由柳亞子、姚光、高燮介紹入社，入社書編號502。

南社社友錄

南社入社書

姓名	顧保璿 字幼宇 又字芙 婉字娟
年歲	三十七歲
籍貫	江蘇華亭 適金山
居址	金山張堰西卿
通訊處	張堰西吹萬轉
介紹人	柳亞子 姚石子 吹萬
年月日	民國四年五月 日

0503. 高 珪

0503.高珪（1899—1971），字介子，號君介，別署介廬、介翁、介公等，江蘇金山（今上海市金山區）人。1915年5月由姚光介紹入社，入社書編號503。曾任上海光華大學國文教員。1922年集資出版金松岑的《天放樓詩集》。1925年與姚光等創建張堰圖書館。1926年參加中國金石書畫藝觀學會。1959年3月被聘爲上海文史研究館館員。

南社社友錄

南社入社書

姓名年歲籍貫居址通訊處介紹人年月日	
姓名	高珪字君介
年歲	十七歲
籍貫	江蘇金山
居址	松江飛虹橋待秦山
通訊處	同上
介紹人	姚石子
年月日	民國四年三月

0504. 林 棠

0504.林棠（1877—？），字憩南，號尚木，江蘇金山（今上海市金山區）人。1915年5月由姚光介紹入社，入社書編號504。

南社社友錄

南社入社書

姓名	號 尚木 字 懋南 林棠
年歲	三十九
籍貫	江蘇金山
居址	朱涇鎮西市
通訊處	仝上
介紹人	姚石子
年月日	四年五月

0505. 高 杏

0505.高杏（1885—？），女，字倚雲，江蘇金山（今上海市金山區）人。高旭從妹，林棠之妻。1915年5月由柳亞子、姚光介紹入社，入社書編號505。1915年5月曾與丈夫林棠及女兒（碧修、好修）參與高燮、姚光、柳亞子發起的杭州之遊，有《三子遊草》記其事。

南社社友錄

南社入社書

姓名	高倚雲
年歲	三十一歲
籍貫	江蘇金山
居址	松江朱涇東業橋 林煦南行
通訊處	仝上
介紹人	柳亞子姚石子
年月日	民國四年五月

0506. 林好修

0506. 林好修（1897—？），女，江蘇金山（今上海市金山區）人。林棠之女。1915年5月由高燮、姚光介紹入社，入社書編號506。

南社社友錄

南社入社書

姓名	林好修
年歲	十九歲
籍貫	江蘇金山
居址	松江朱涇
通訊處	朱涇豐榮橋林邸轉
介紹人	高燮 姚石子
年月日	民國四年五月

0507. 蔣保鼇

0507.蔣保鼇（1898—？），字屏周，上海人。1915年5月8日由孫延庚、陸澹安介紹入社，入社書編號507。

南社入社書	
姓名	蔣保釐 字屏周
年歲	十八歲
籍貫	江蘇上海
居址	上海小南門內東玉家弄一三七号
通訊處	同上
介紹人	孫今身 陸澹庵
年月日	四年三月八日

南社社友錄

0508. 周國賢

　　0508. 周國賢（1894—1968），原名祖福，字瘦鵑，別號泣紅、俠塵、蘭庵等，江蘇吳縣（今蘇州市吳中區）人。1915年5月9日由葉楚傖介紹入社，入社書編號508。早年任教於上海民立中學。1916年任中華書局編輯。先後任《申報》、《新聞報》、《申報・自由談》、《春秋》、《小申報》、《禮拜六》、《紫羅蘭》、《良友》等雜誌主編、編輯、主筆。與趙苕狂合編《遊戲世界》雜誌。1917年起翻譯出版《歐美名家短篇小說叢刊》三冊及《世界名家短篇小說集》。1919年擔任《晶報》撰稿人。1921年《禮拜六》復刊後任主編，同年創辦《半月》雜誌。1922年創辦《紫羅花片》月刊，後曾編《樂觀月刊》。1926年任《上海畫報》主編。1936年10月與魯迅、郭沫若、茅盾等聯名發表《文藝界同人爲團結禦侮與言論自由宣言》。著有《行雲集》、《拈花集》、《紫羅蘭集》、《新秋海棠》、《紫羅蘭庵言情叢刊》、《福爾摩斯新探案全集》（與成舍我等合譯）等。

南社入社書

姓名	周國賢 疫鶴
年歲	二十一
籍貫	江蘇吳縣
居址	雷門外大書場
通訊處	葉楚傖
介紹人	徐又
年月日	

0509. 許　湘

0509.許湘（1889—？），女，字競存，一字蘇華，號紉秋，江蘇太倉人，馮平妻。1915年5月9日由狄君武、俞鍔、陸毅、金翼謀、馮心俠介紹入社，入社書編號509。

南社社友錄

南社入社書	
姓名年歲	許競存 二十七
籍貫	太倉
居址	太倉璜涇
通訊處	同上
介紹人 年月日	馮平 金燕 陸毅 俞鍔 秋膺 乙卯伍月九日

0510. 錢永銘

0510.錢永銘(1885—1958),字新之,晚號北監老人,浙江吳興(今湖州)人。1915年由朱少屏介紹入社,入社書編號510。1897年進上海育才學堂。1902年入北洋大學,1903年留學神戶高等商業學校。1917年在上海參與發起中華職業教育社。1928年出任浙江省府委員兼財政廳廳長、國民黨中央銀行理事。1930年受國民黨政府委派爲中法工商銀行中方董事長。抗戰爆發後,參與組織上海市各界抗敵後援會。1932年1月至1937年6月任上海美專校董會校董、常務兼經濟校董。i938年受聘爲國民參政員。1946年以無黨派人士身份出席重慶政治協商會議。

南社入社書

姓名	錢新之
年歲	三十一
籍貫	浙江
居址	上海北四川路麥拿里七一號
通訊處	仝上
介紹人	朱少屏
年月日	

0511. 章 闓

0511.章闓（1883—1934），一名自，字叔言，一字巨摩，浙江麗水人。1915年5月9日由陳布雷、柳亞子介紹入社，入社書編號511。

南社入社書

姓名	章閻　字巨摩
年歲	三十三
籍貫	浙江處州麗水
居址	麗水城內
通訊處	寧波水鳧橋馮孟顓君轉
介紹人	陳布雷　柳亞子
年月日	四年五月九日

0512. 陳樹棠

0512. 陳樹棠（1876—？），號露香，一作露薌，浙江鄞縣（今寧波市鄞州區）人。1915年由陳泉卿介紹入社，入社書編號512。早年留學日本早稻田大學土木工程科。

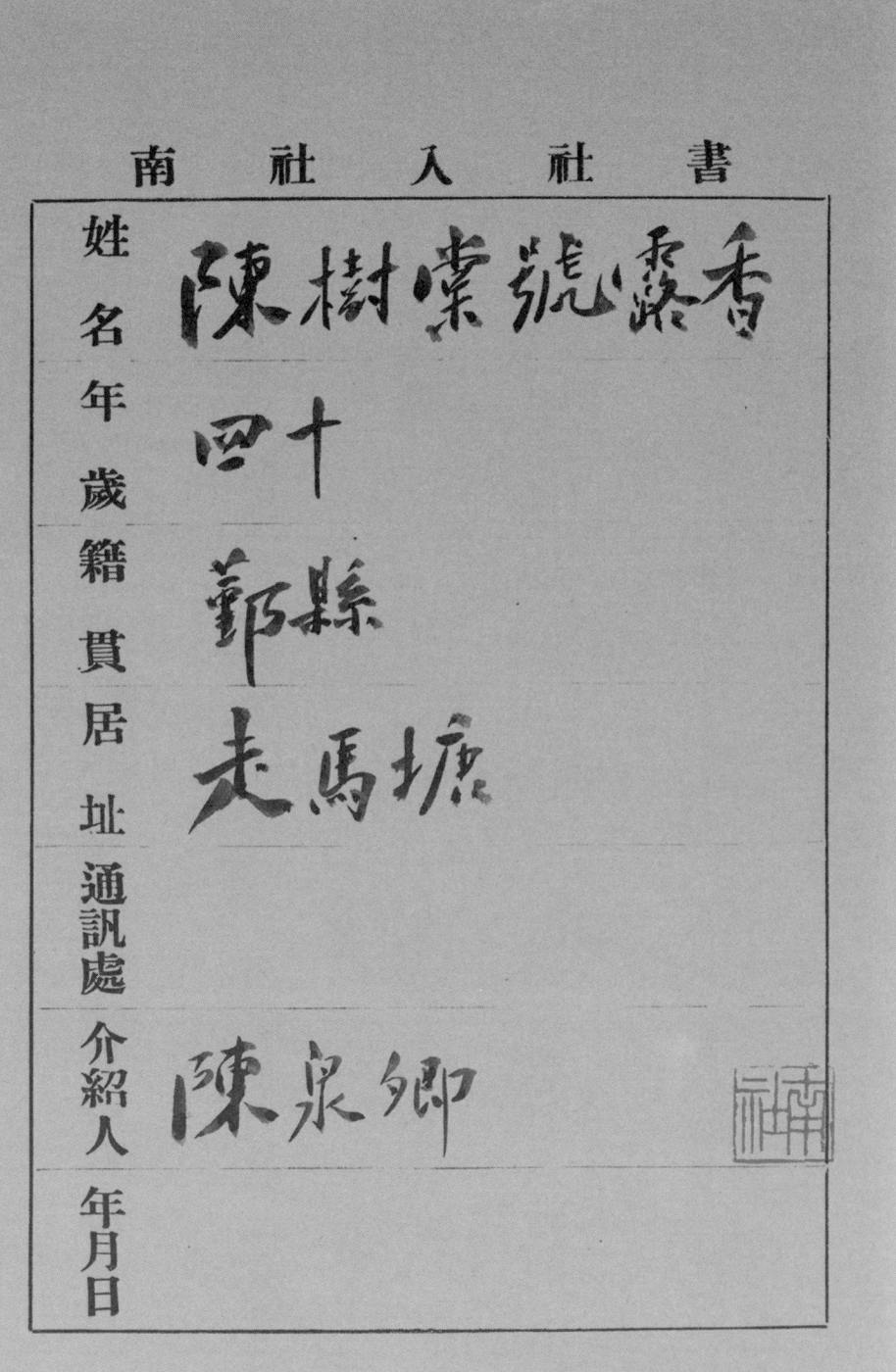

0513. 莊之盤

0513. 莊之盤（1881—？），號辛如，浙江奉化人。1915年由陳泉卿介紹入社，入社書編號513。

南社社友錄

南社入社書

姓名 莊之盤 號 幸如
年歲 三十五
籍貫 奉化
居址 法界寶昌路寶康里十四號
通訊處 曹村
介紹人 陳泉卿
年月日

0514. 吳山禺

0514. 吳山禺（1881—？），號杲明，浙江奉化人。1915年由陳泉卿介紹入社，入社書編號514。

南社社友錄

南社入社書

姓名	吳山愚 號果明
年歲	三十五歲
籍貫	奉化
居址	吳江￼
通訊處	吳淞水產學校
介紹人	陳泉卿
年月日	

0515. 趙次勝

0515. 趙次勝（1880—？），字申之，號申志，浙江奉化人。1915年由陳泉卿介紹入社，入社書編號515。

南社社友錄

南社入社書

姓名	趙次勝 號申志
年歲	三十六
籍貫	奉化
居址	三石
通訊處	美界朱家木橋尚賢里㘭
介紹人	陳泉卿
年月日	

0516. 陳無用

0516. 陳無用（1870—？），字子韶，號慮尊，浙江諸暨人。1915 年 5 月 19 日由柳亞子介紹入社，入社書編號 516。著有《慮尊詞》。

南社入社書

姓名	陳无用 霽尊
年歲	四十六歲
籍貫	浙江諸暨
居址	諸暨店口鎮
通訊處	仝上
介紹人	柳亞子
年月日	民國四年五月十九日

0517. 陸紹棠

0517. 陸紹棠（1894—？），字衷奇，號鄂不，浙江杭縣（今杭州）人。1915年5月20日由丁三在介紹入社，入社書編號517。

南社社友錄

南社入社書

姓名	陸紹棠 裒奇
年歲	二十二歲
籍貫	浙江杭縣
居址	浙省城火葯局街拾伍号門牌
通訊處	
介紹人	丁不識
年月日	民國四年五月二十日

0518. 陳光譽

0518.陳光譽（1889—？），原名天蕩，字稺蘭，福建長樂人。1915年5月20日由馮春航、林之夏介紹入社，入社書編號518。

南社入社書	
姓名	陳穉蘭 名天騫
年歲	二十七
籍貫	福建長樂縣
居址	杭州吉祥巷五十四號
通訊處	仝上
介紹人	馮旭初 秋若
年月日	民國四年五月二十號

0519. 丁上左

0519. 丁上左（1878—？），字宜之，一字竹孫，號白丁，浙江杭縣（今杭州）人。1915年5月20日由柳亞子介紹入社，入社書編號519。擅詩文。

南社社友錄

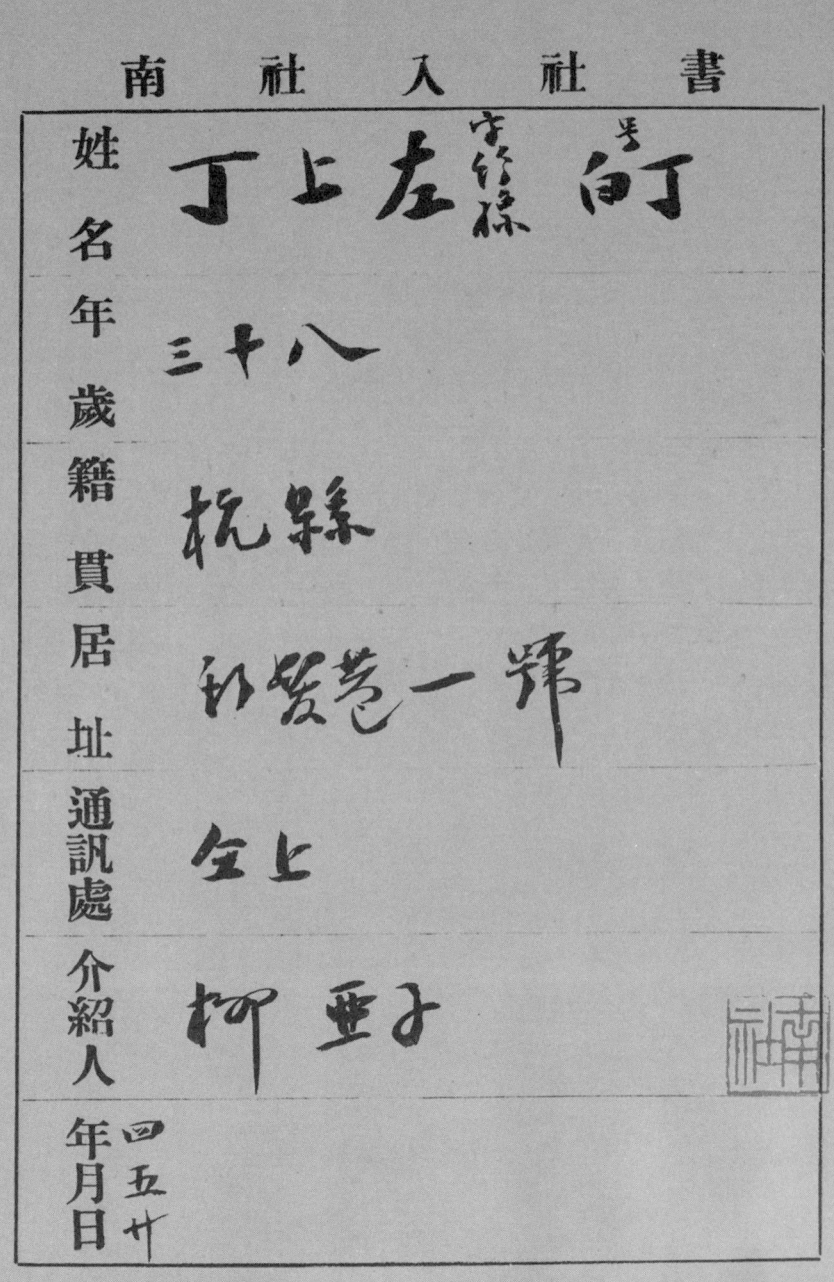

0520. 費 硯

0520. 費硯（1879—1937），字見石，一字劍石，號龍丁，又號聾丁，別署長厈行人、佛耶居士，江蘇華亭（今上海市松江區）人。1915年由李叔同、丁上左介紹入社，入社書編號520。1898年留學日本。曾參加貞社、海上題襟館金石書畫會。1920年參加美術團體天馬會。後參加古歡今雨社、西泠印社，並與李叔同等組織樂石社。著有《甕廬叢稿》、《甕廬印存》、《撫印宗派絕句》、《佛耶居士印存》等。與夫人李華書合著《春愁秋怨詞》。

南社社友錄

南社入社書

姓名	丁龍石 劍 硯 貴
年歲	三十六
籍貫	華亭
居址	松江城內平橋弄底 上海南市竹行弄同益里廿號
通訊處	仝上
介紹人	同 李丹井 丁白
年月日	

0521. 陳 慈

0521.陳慈（1879—？），字勉之，號讓旆，浙江海鹽人。1915年5月21日由柳亞子介紹入社，入社書編號521。

南社社友錄

南社入社書

姓名	陳蒪 號讓疏 一字勉之
年歲	三七
籍貫	浙江海鹽
居址	杭州之江日報社
通訊處	仝上
介紹人	柳亞子
年月日	四年五月廿一日

0522. 馮 旭

0522. 馮旭（1888—1941），字旭初，一字子和，號春航，別號晚香庵主，江蘇吳縣（今蘇州市吳中區）人。1915年5月21日由陳光譽介紹入社，入社書編號522。

南社入社書

姓名	馮旭初
年歲	廿七
籍貫	江蘇吳縣
居址	上海孟納拉路三德里西一百八十號
通訊處	同上
介紹人	陳稚菊
年月日	四年青苹

0523. 龍 翔

0523. 龍翔（1892—？），字小雲，直隸宛平（今北京市豐臺區）人。1915年5月22日由柳亞子介紹入社，入社書編號523。

南社社友錄

南社入社書

姓名　龍小雲
年歲　念四
籍貫　直隸宛平
居址　上海馬霍路崇仁里䑓號
通訊處　上海中國青年會
介紹人　姚亞子
年月日　四五廿二

0524. 王　廉

0524.王廉（1873—？）,字清夫,一作清甫,浙江定海（今舟山市定海區）人。1915年5月22日由馮春航、龍小雲介紹入社,入社書編號524。

南社社友錄

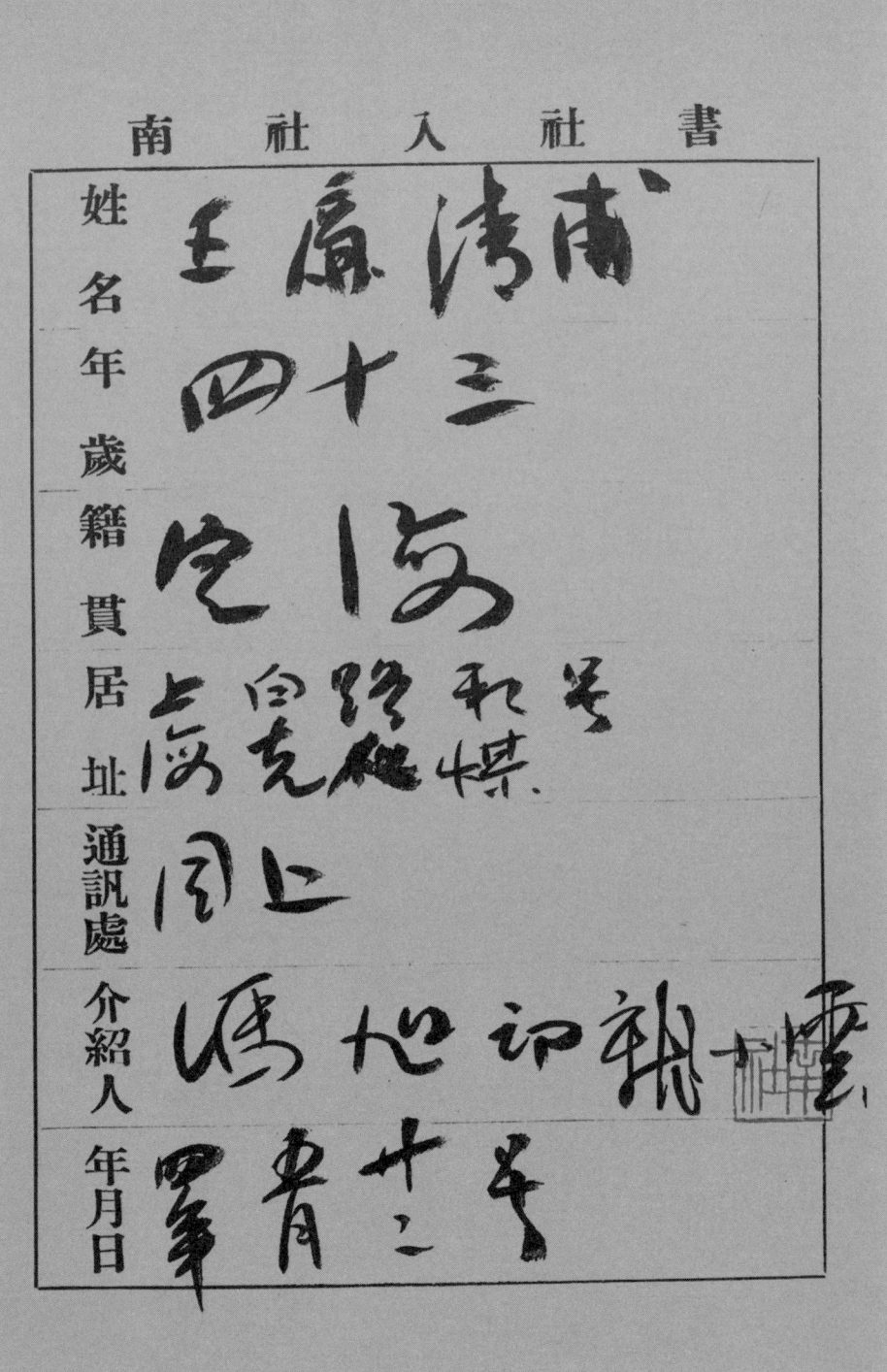

0525. 范亞侃

0525.范亞侃（1889—？），字天聲，江蘇吳縣(今蘇州市吳中區)人。1915年5月24日由柳亞子、馮春航介紹入社，入社書編號525。

南社社友錄

南社入社書

姓名	天聲范亞侃
年歲	二十七歲
籍貫	江蘇蘇州府吳縣
居址	蘇州婁門內東北街葦湯橋玖佳上海馬立師新鴻德里五弄拉
通訊處	杭州湖山新旅社〇柱号
介紹人	柳亞子 馮春航
年月日	〇年五月廿〇號

0526. 吳 燾

0526. 吳燾（1886—？），字仲煇，浙江諸暨人。1915年5月24日由柳亞子介紹入社，入社書編號526。

南社入社書

姓名	吳爵 字仲煇
年歲	卅歲
籍貫	浙江諸暨
居址	諸暨小東鄉琴絃尚
通訊處	浙江第六師司令部
介紹人	柳亞子
年月日	民國四年三月廿四日

0527. 張 燾

0527. 張燾（1881—？），字季鴻，號冥飛，湖南長沙人。1915年5月24日由丁三在介紹入社，入社書編號527。1912年任《民權報》編輯。1914年任上海《民權素》編輯。著有《歷代儒醫象志》、《十五度春秋》、《元宵謎》、《雨窗話鬼記》、《江湖劍客傳》、《黛玉葬花》、《小劍俠》、《無所不談》、《國文百日通》等。

南社入社書

姓名	張燾字季鴻一字冥飛
年歲	三十五歲
籍貫	湖南長沙
居址	上海
通訊處	上海陳匯石轉杭州丁轉
介紹人	丁不識
年月日	民國四年夏正五月廿四日

0528. 周佩珍

0528. 周佩珍（1892—？），女，字毓芬，江蘇無錫人，陳光譽妻。1915年5月25日由鄭佩宜介紹入社，入社書編號528。

南社入社書

姓名	陳周佩珍 毓芬
年歲	二十四
籍貫	江蘇無錫
居址	杭州吉祥巷五十四号
通訊處	仝上
介紹人	鄭佩宜
年月日	四五二十五

0529. 陳貞慧

0529.陳貞慧（1890—？），女，字蘭因，福建閩縣（今閩侯）人。1915年5月由鄭佩宜介紹入社，入社書編號529。

南社社友錄

南社入社書

姓名	陳貞慧 蘭因
年歲	廿六歲
籍貫	福建閩縣
居址	杭州
通訊處	杭州吉祥巷林寓
介紹人	鄭佩宜
年月日	四年五月

0530. 潘普恩

0530.潘普恩（1884—？），字少文，號雙吟樓主，浙江上虞（今紹興市上虞區）人。1915年5月26日由丁三在介紹入社，入社書編號530。著有《吟風樓詩》、《聽風閣詞》、《趨庭集》、《蝶影山窗曲稿》等。

南社社友錄

南社入社書

姓名	潘普恩 字少文
年歲	三十二
籍貫	浙江上虞縣
居址	杭州后市街由義衖
通訊處	中國銀行
介紹人	丁不識
年月日	四年五月二十六日

0531. 陳洪濤

0531. 陳洪濤（1897—1920），字淮海，號厔厂，別署天梅，江蘇吳江（今蘇州市吳江區）人。1915年5月29日由柳亞子、顧悼秋介紹入社，入社書編號531。1915年參加酒社。著有《淮海遊草》。

南社入社書

姓名	陳洪濤 別署匡厂
年歲	十八
籍貫	吳江
居址	黎里
通訊處	黎里官塘上
介紹人	柳安如 龐檗秋 四玉苙
年月日	

0532. 徐思瀛

0532. 徐思瀛（1875—？），字夢鷗，浙江德清人。1915 年由丁三在介紹入社，入社書編號 532。

南社入社書

姓名	徐思瀛 夢鷗
年歲	四十一
籍貫	德清
居址	杭州頭髮巷一號
通訊處	仝上
介紹人	丁不識
年月日	

0533. 王　麟

0533. 王麟（1884—？），字永年，號篤朋、祝朋，湖南醴陵人。1915年5月由劉約真、傅熊湘介紹入社，入社書編號533。

南社入社書

姓名	王麟 號篤朋
年歲	三十二
籍貫	醴陵
居址	醴南西林
通訊處	醴陵公升錢號
介紹人	劉謙 傅尃
年月日	民國四年五月

0534. 陳 蛻

0534.陳蛻（1872—？），字仲觚，浙江諸暨人。1915年5月由柳亞子介紹入社，入社書編號534。

南 社 入 社 書	
姓名	陳蛻 仲舦
年歲	四十四歲
籍貫	浙江諸暨
居址	諸暨唐口鎮
通訊處	仝上
介紹人	柳亞子
年月日	民國四年五月

0535. 陳棄

0535.陳棄（1873—？），一名無私，字子弁，號澹園，浙江諸暨人。1915年5月由柳亞子介紹入社，入社書編號535。

南社社友錄

南社入社書

姓名	陳元私 子弁 澹園
年歲	四十三歲
籍貫	浙江諸暨
居址	諸暨唐口鎮
通訊處	仝上
介紹人	柳亞子
年月日	民國四年五月

0536. 陳梨夢

0536.陳梨夢（1874—？），字梨夢，號亞子，浙江諸暨人，陳棄弟。1915年5月由柳亞子介紹入社，入社書編號536。

南社入社書

姓名	陳梨梦
年歲	四十二歲
籍貫	浙江諸暨
居址	諸暨店口鎮
通訊處	仝上
介紹人	柳亞子
年月日	民國四年五月

0537. 樓邨

0537.樓邨（1880—1950），曾改名虛，字肖嵩，號辛壺，一字新吾，別署卓立、玄道人、玄根居士，晚號縉雲老叟，浙江縉雲人。1915年6月由丁三在介紹入社，入社書編號537。早年加入西泠印社。1928年參與籌劃創辦中國文藝學院。

南社社友錄

南社入社書

姓名	樓邨 字肖嵩 號辛壺
年歲	三十五歲
籍貫	浙江縉雲人
居址	杭州大菊花弄
通訊處	杭州保佑坊中合印書局轉
介紹人	丁不識
年月日	民國四年六月

0538. 蕭篤平

0538. 蕭篤平（1897—1981），字恭甫，號中權，後改公權，又號跡園，筆名巴人、石漚、君衡，江西泰和人。1915 年 6 月 1 日由劉鵬年介紹入社，入社書編號 538。1919 年參與創辦《民鐘日報》。1921 年與陳抱一、汪英賢、朱應鵬等創辦晨光美術會。後留學美國密蘇里大學和康奈爾大學，回國後歷任南方大學、南開大學、燕京大學、北京大學、四川大學等校教授。1932 年 9 月參加中國政治學會。著有《中國政治思想史》、《小桐陰館詩詞》、《跡園文錄》、《康有爲研究》、《跡園文存》等。

南社社友錄

南社入社書

姓名年歲籍貫居址通訊處介紹人年月日	蕭篤平 號中權
	十九歲
	江西泰和
	虬江橋新安里
	虬江橋新安里645
	劉鵬年君
	四年六月一日

0539. 許肇南

0539. 許肇南（1881—1960），又名石楠，字先甲，號石柵，貴州貴陽人。1915年6月2日由朱少屏介紹入社，入社書編號539。早年留學日本，參加中國同盟會。1914年在美國參與組織中國科學社，發起中國工程師學會。1915年回國後任南京河海工科專門學校校長。1953年6月被聘爲上海文史研究館館員。

南社社友錄

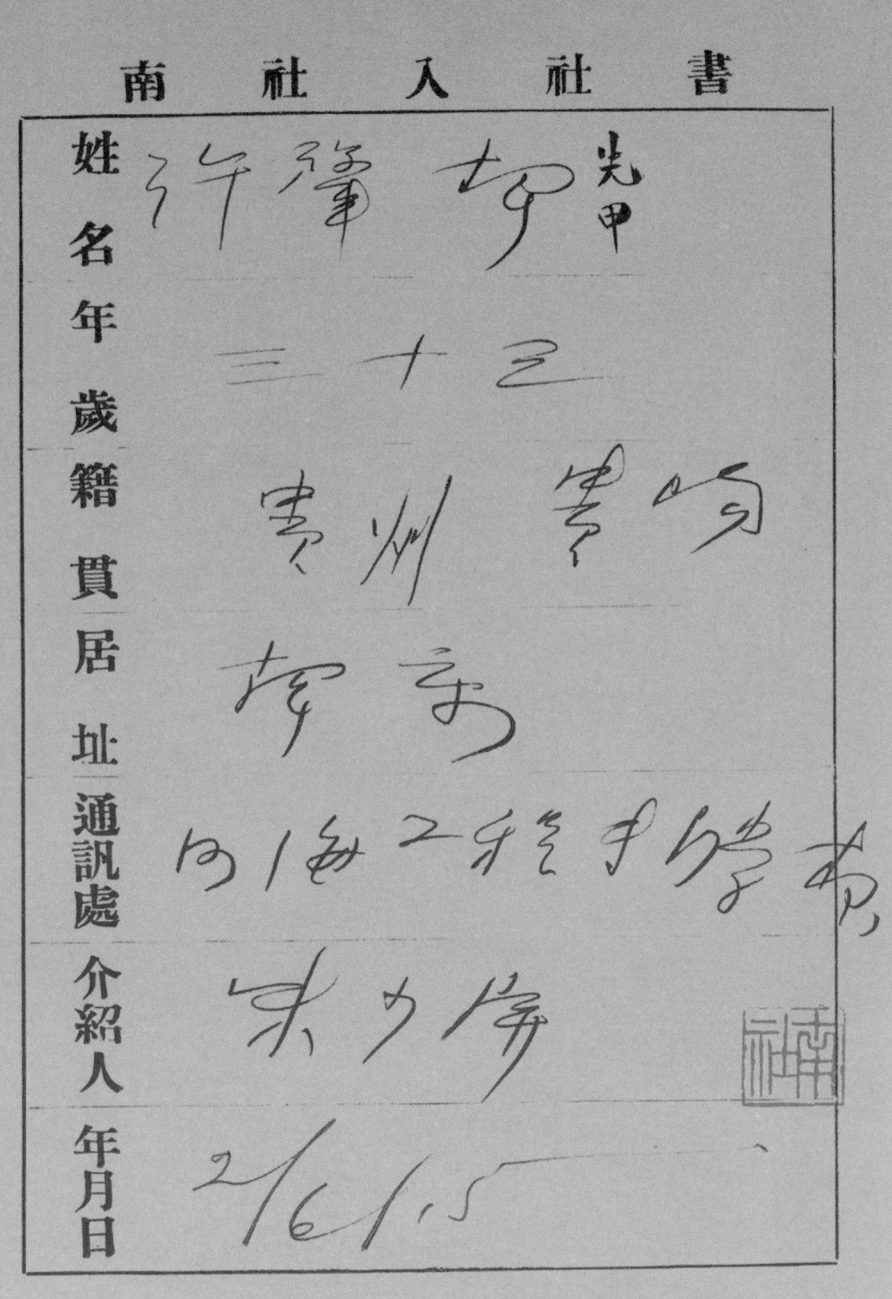

0540. 徐世階

0540.徐世階（1883—？），字希平，號悔生，江蘇銅山（今徐州市銅山區）人。1915年6月4日由柳亞子介紹入社，入社書編號540。

南社社友錄

南社入社書

姓名	徐世階 字希平
年歲	三十三
籍貫	江蘇銅山
居址	安徽滁縣城內
通訊處	滁縣鼓樓定遠王萬
介紹人	柳亞子
年月日	民國四年六月四日

0541. 郁九齡

0541.郁九齡（1885—？），浙江蕭山（今杭州市蕭山區）人。1915年6月5日由柳亞子介紹入社，入社書編號541。

南社入社書

姓名	郁九齡
年歲	三十一
籍貫	蕭山
居址	衙後街
通訊處	浙江西湖圖書館
介紹人	柳亞子
年月日	民國四年六月五日

0542. 淩景堅

0542. 淩景堅（1897—1951），字昭懿，一字太招，號莘安，又號莘子，別署凱成，江蘇吳江（今蘇州市吳江區）人。1915年6月6日由王大覺介紹入社，入社書編號542。1915年參加酒社、同南社。1917年有詩作《紫雲樓詩》出版。著有《紫雲樓詩集》、《惜秋花館詩鈔》。

南社入社書

姓名	凌景堅 莘子
年歲	十八
籍貫	吳江
居址	吳江莘塔鎮
通訊處	吳江莘塔鎮西橋門
介紹人	王德鍾
年月日	乙卯六月六號

0543. 李 光

0543.李光（1884—？），字少華，號思聲，安徽太湖人。1915年6月10日由陳光譽介紹入社，入社書編號543。

南社入社書

姓名	李光宁 少華
年歲	三十二歲
籍貫	安徽太湖縣
居址	杭州下興忠巷
通訊處	寧波陸軍第四十九旅司令部
介紹人	陳光豐
年月日	四年六月十日

0544. 謝碧田

0544. 謝碧田（1882—1929），廣東梅縣(今梅州市梅縣區)人。1915年6月10日由柳亞子介紹入社，入社書編號544。中國同盟會會員。

南社社友錄

南社入社書

姓名	謝碧田
年歲	三十四
籍貫	廣東梅縣
居址	上海
通訊處	英租界永定里江務西路公司七號墾
介紹人	柳亞子
年月日	中華民國四年六月十日

0545. 朱 霞

　　0545.朱霞（1888—約1948），原名祖綬，字佩侯，號劍鋒，別署少雲、秋水、桃椎仙史，江蘇吳江(今蘇州市吳江區)人。1915年6月27日由柳亞子、顧悼秋、周雲介紹入社，入社書編號545。

南社入社書

姓名	朱霞 號釰鋒
年歲	二十七
籍貫	吳江
居址	黎里夏家橋
通訊處	全上
介紹人	周酒癡 顧悼煤 柳亞子
年月日	廿七日 六月 乙卯

0546. 景定成

　　0546. 景定成（1882—1949），字梅九、枚九、某九，又字梅久，筆名老梅、秋心，山西安邑（今屬運城）人。1915年由杜羲介紹入社，入社書編號546。1905年留學日本東京第一高等學校，後加入中國同盟會，任同盟會山西分會評議長。1907年參與《漢幟》雜誌編輯，與景耀月、谷思慎等創辦《晉乘》雜誌。1908年2月與白毓庚等在東京創辦《關隴》雜誌。1911年3月與白逾桓、田桐、程家檉等在北京創辦《國風日報》。1913年被選爲民國政府衆議院議員。1917年任護法國會衆議院議員。抗日戰爭全面爆發後，在西安創辦《出路》週刊，並將《國風日報》遷至西安繼續出版（1949年停刊）。1949年在西安逝世。著有《葵心》、《入獄始末記》、《罪案》、《尚書新注》、《石頭記真諦》等。

南社入社書

姓名	景定成 梅九
年歲	三十四歲
籍貫	山西安邑
居址	安邑城內 現居陝西三原東里村
通訊處	陝西三原縣隆興通轉交
介紹人	杜羲
年月日	民國四年

0547. 馬湯楹

0547. 馬湯楹（1868—？），字緒卿，號寒蝶，浙江海寧人。1915年7月由丁三在介紹入社，入社書編號547。1893年，在州城首創四城小學堂。民初曾在杭州《全浙公報》任職。

南社入社書

馬湯櫨 年四十八歲 海寧縣人 居海寧門內杭州金浙報 丁不識 民國四年七月
字緒卿
一字寒蝶

姓名 年歲 籍貫 居址 通訊處 介紹人 年月日

0548. 陸　梅

0548.陸梅（1894—1938），女，字梅痕，浙江鎮海（今寧波市鎮海區）人。1915年7月12日由劉筠和柳亞子、鄭佩宜介紹入社，入社書編號548。

南社入社書

姓名	陸梅 字梅痕
年歲	二十二歲
籍貫	鎮海縣
居址	牌門鎮
通訊處	寧波牌門鎮 劉篠儂轉
介紹人	劉篠儂 鄭佩宜 柳亞子
年月日	七月十二日 四年 民國

0549. 張祉浩

0549.張祉浩（1891—？），字破浪，號春水，又號普朗，江蘇松江（今上海市松江區）人。1915年由胡寄塵、高燮、姚鵷雛介紹入社，入社書編號549。著有《破浪漫筆》、《春水樓談藪》、《秋娥碧血》、《斷金詞》等。

南社入社書

姓名	張祉浩 破浪
年歲	二十五
籍貫	松江
居址	松江塔射園
通訊處	上海進步書局
介紹人	姚鵷鶵 高吹萬 胡寄塵
年月日	

0550. 張廷華

0550. 張廷華（1867—？），字蕚蓀，浙江吳興（今湖州）人。1915年7月24日由胡寄塵介紹入社，入社書編號550。

南社入社書

姓名	張廷華 字葭蓀
年歲	四十九歲
籍貫	浙江吳興
居址	南潯鎮北柵地心里
通訊處	上海進步書局 南潯寶善街性澄布莊
介紹人	胡寄塵先生
年月日	民國四年七月廿四日

0551. 趙澤霖

0551. 趙澤霖（1892—1953），字雨蒼，號苕狂，別號憶鳳，浙江吳興（今湖州）人。1915年7月27日由胡寄塵、徐思瀛介紹入社，入社書編號551。曾任大東書局《遊戲世界》編輯。1922年後任《回民報》、《紅玫瑰》等主筆。擅長寫偵探武俠小說，當時有"門角落裏福爾摩斯"之譽。所作社會小說及《窗內和窗外》等，曾傳誦一時。1939年在上海創辦《玫瑰》半月刊，發表長篇小說《新江湖奇俠傳》以及《靈犀感舊錄》等。另著有《兩個限制生育的宣傳者》、《典當》、《十五年僑滬記》、《世外探險記》、《中國最新偵探案》、《太湖女俠》、《江湖怪俠》、《弄堂博士》等。

南社社友錄

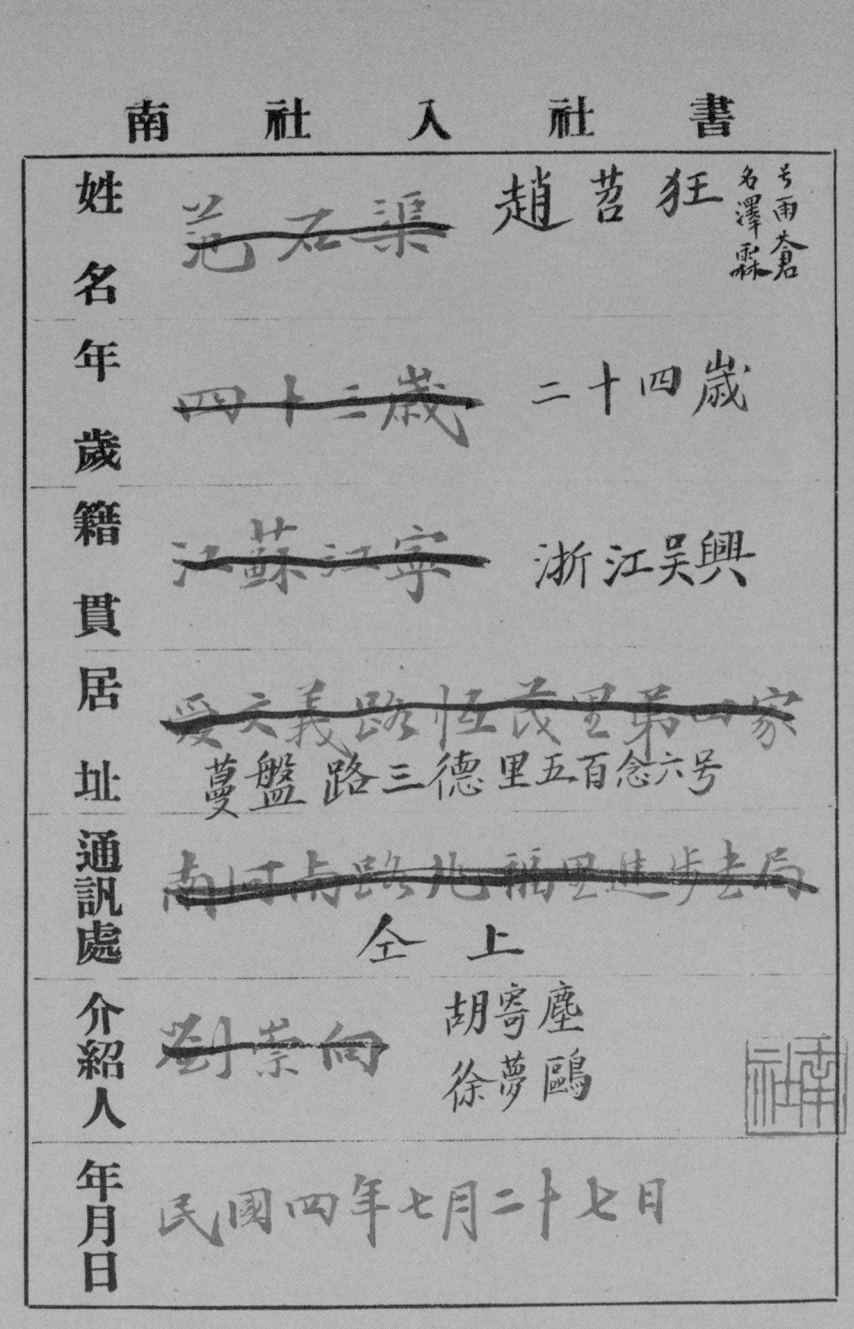

南社入社書

姓名	范石渠	趙苕狂 号雨蒼君 名澤霖
年歲	四十三歲	二十四歲
籍貫	江蘇江寧	浙江吳興
居址	愛文義路恆茂里第一家 蔓盤路三德里五百念六号	
通訊處	南河南路北福昌進步書局 全上	
介紹人	劉崇向	胡寄塵 徐夢鷗
年月日	民國四年七月二十七日	

0552. 胡惠生

0552.胡惠生(1894—1956),原名道笈,後改名道吉,字蕙蓀,一字惠生,化名朱曉春,筆名孤芳,安徽涇縣人,韞玉兄子。1915年7月29日由胡寄塵介紹入社,入社書編號552。1913年進入《太平洋報》任職。20世紀20年代主持《三餘漫載》月刊欄目。1923年冬參加歲寒集。20世紀30年代初曾任江蘇省民政廳廳長秘書、《民報》館編輯。1941年創辦龍坦中學。曾先後任職《民國日報》、《文彙報》、《正言報》、昆明《中央日報》等。

南社入社書

姓名	胡惠生
年歲	二十二歲
籍貫居址	安徽涇縣
通訊處	胡奇塵轉交
介紹人	胡奇塵
年月日	民國四年七月二十九日

0553. 沈次約

0553. 沈次約（1894—1932），字劍霜，一字劍雙，號秋魂，江蘇吳江（今蘇州市吳江區）人。1915年8月12日由顧悼秋介紹入社，入社書編號553。1914年與顧悼秋等人組織消寒社。1915年參加"梨中五子"在周雲家開鑒草堂成立的銷夏社，秋與柳亞子、王大覺等人組織酒社。20世紀20年代後期在上海任家庭教師。著有《劍霜龕遺稿》（未刊稿）。

南社入社書

姓名	沈次約 號劍霜 別署秋兔
年歲	念二歲
籍貫	浙江嘉興 江蘇吳江
居址	梨里夏家橋
通訊處	顧悼秋轉
介紹人	顧悼秋
年月日	四八二

0554. 王　鼎

　　0554 王鼎（1878—？），字桂秋，一字桂佛，號筱村，別署且安，江蘇淮安人。1915年8月12日由周偉、張冰介紹入社，入社書編號554。1911年曾參與發起組織淮南社。後曾任《禮拜六》週刊編輯。

南社入社書

姓名	王鼎 佛安且號 亦字桂秋 別字桂村 號筱
年歲	八十三
籍貫	江蘇淮安
居址	古塩市崔堡
通訊處	寶應轉寉甸崔堡王棠仁堂
介紹人	周人菊　張雪抱
年月日	民國四年八月十二日

0555. 王文濡

0555. 王文濡（1866—1935），字均卿，別署竹毓、亭軒、新舊廢物、蟲天子等，原籍安徽廣德，寄籍浙江吳興（今湖州）。1915年8月15日由胡寄塵介紹入社，入社書編號555。1902年與沈智方創立國學扶輪社，後與沈智方接辦樂群書局。歷任大東書局、中華書局、進步書局、文明書局、鴻文書局、樂群書局、國學扶輪社編輯、總編。著有《唐詩易讀》、《明清八大家文鈔》、《學詩初步》、《歷代詩評注讀本》、《蠡屈館筆記》、《音注古文辭類纂》、《現代十大家詩鈔》、《對聯大全》等。

南社入社書

姓名	王文濡均卿別號新舊廢物
年歲	四十九歲
籍貫	原籍安徽廣德寄籍浙江吳興
居址	上海卡德路鑫昌里
通訊處	英大馬路惟新里國學維持社 三馬路進步書局
介紹人	胡寄塵君
年月日	民國四年八月廿五號

0556. 駱　鵬

0556.駱鵬（1886—？），字邁南，一字曼南，又字萬涵，湖南湘陰人。1915年9月4日由傅熊湘介紹入社，入社書編號556。

南社入社書

姓名	駱邁南
年歲	三十歲
籍貫	湖南湘陰
居址	湘陰北鄉
通訊處	湘陰縣城高等小學
介紹人	傅鈍根
年月日	民國四年九月四日

0557. 孫　璞

0557. 孫璞（1884—1953），字仲瑛，號阿瑛，別號顧齋，廣東香山（今中山）人。1915年9月9日由蔡哲夫、鄧爾雅、周亮夫介紹入社，入社書編號557。早年就讀於廣州廣雅書院，後赴日本留學。歸國後創立《雲南日報》、《滇南公報》。1923年任廣州《民國日報》社長兼編輯主任。20世紀30年代初任上海市政府秘書、市公安局秘書主任、市長吳國楨秘書等職。著有《重九戰紀》、《清宮秘史》、《革命史話》、《旅滇聞見錄》等。

南社入社書

姓名	孫璞字仲瑛號顧齋
年歲	三十二歲
籍貫	廣東香山縣
居址	廣州
通訊處	廣州長堤大巷口庸常新街二巷第九號三樓
介紹人	周亮夫 鄧爾雅 蔡哲夫
年月日	四年九月九日

0558. 沈鎔

0558. 沈鎔（1886—1949），名一作熔，字伯經，號天睨生，浙江吳興（今湖州）人。1915年9月由胡寄塵介紹入社，入社書編號558。早年入南洋法官養成所習法政。民初擔任上海大東書局、進步書局、中華書局編輯，晚年與王建民等成立愚社。編撰有《中華新字典》、《中華萬字字典》、《虛字指南》等。

南社入社書

姓名	沈鎔 字伯經
年歲	二十九
籍貫	吳興
居址	南潯 泰安里進步書局
通訊處	上海
介紹人	胡寄塵君
年月日	四年九月

0559. 黃　覺

　　0559.黃覺（1896—？），字醒華，號若玄，又號蘧園、蘧庵，江蘇吳縣（今蘇州市吳中區）人。1915年9月由衛靈水介紹入社，入社書編號559。

南社入社書

姓名	黃覺 遠庵 醒華
年歲	二十
籍貫	江蘇吳縣
居址	蘇州十梓街一二四號
通訊處	仝上
介紹人	徐雲水
年月日	民國四年九月

0560. 王時傑

0560. 王時傑（1896—1916），字道民，室名"臥雲室"，江西九江人。1915年9月9日由劉鵬年介紹入社，入社書編號560。著有《臥雲室遺詩》。

南社入社書

姓名	王時傑字適戎
年歲	二十歲
籍貫	江西九江
居址	九江潢荖門
通訊處	吳淞中國公學
介紹人	劉霄耘
年月日	民國四年九月初九